新訂版

成川式 ちょっとした技術でだれでも上達できる

文章の書き方

成川豊彦
Toyohiko Narikawa
Wセミナー学院長

PHP研究所

まえがき

『成川式 文章の書き方』は、「文章をやさしく書きたい」という人のために執筆された。筆者が新聞記者時代に取得したノウハウを基礎に、数十年間、企業研修や、入学試験・資格試験突破のための講義で述べてきたノウハウを加味して作成されている。したがって、一般的な文章の書き方を短期間で身に付けるには最適であると確信している。さらに、本書のルールに従うと、文章を書くのが楽しくなり、面白くなっていく。

1．本書の対象と特色

①まず、本書では、おもにビジネスパーソンを対象にした。報告書、会議録、業務日報や社内試験など、ビジネスパーソンは、常に基礎的な文章力を必要とされる。それなのに、多くの場合、自己流で適当に書いてしまっている。

本書では、仕事を進めるにあたって求められる、最低限の文章力が得られるように工夫した。そのため、表記法、避けるべき表現や文法の知識など、文章についての項目を細かく分解して説明した。

②したがって、中学生、高校生をはじめ、大学生、大学院生や国家試験の受験生などに対しても、入学試験や就職試験、また、リポートや論文の作成などで、本書のルールは十分に役に立つはずである。

③また、主婦がハガキや手紙などを書くときにも、大いに参考にできる内容にした。

④つまり、この本は、小説・詩歌以外のすべての文書に共通するルールを網羅したものである。

よい文章を書くための一般的なルールについては、第Ⅰ章の記述に譲るが、いちばん大切なポイントを示しておこう。

それは、「よい文章とは、わかりやすく、簡潔な文章ということである」。本書で細かく説明したことは、すべてこの一点につながるといってもよい。

「わかりやすく、簡潔な文章」とは、(i)主題が明確である文章(ii)間違いがなく正しい文章 (iii)言いたいことがズバリと端的に表現されている文章のことである。

「そのような文章は、自分には書けない」と思われるかもしれない。しかし、普段、仕事上の文書、また、リポート・論文や手紙などを書くにあたって、本書のルールを参照してもらえば、必ず「わかりやすく、簡潔な文章」が書けるようになる。これは、筆者の長年の研修指導や受験指導を通じて、体験的にいえることである。

「文章はセンスだ」と言う人がいる。その意見にも一理ある。しかし、小説や詩歌の類ではなく、ビジネス文書やリポートなどでは、とにかく毎日書いて量をこなすことが大切だ。たくさん書くうちに、よい文章の法則が自分なりにつかめてくる。「センス」も、その過程で自然に磨かれてくる。

本書は、筆者なりの文章の法則であり、よい「センス」を、誰にでもわかりやすいように、コンパクトにまとめたものである。大いに活用して欲しい。

最後に、「文は人なり」と言われる。しかし、文章だけを見て書いた人の本質や性質を見抜ける能力のある人はまずいない。だからまずはリラックスして、楽しく、面白く書こうとすることである。

2. 本書の使い方

①原則として１ページごとに完結しているので、どのページから読んでもよい。

②最初に、目次か索引を見てから読むと効果的である。

③本文は横書きになっている。縦書きの場合でも、同じように活用できる。

＊

なお、執筆にあたって、ＰＨＰ研究所の安藤卓局長、中村由紀人氏と吉田耕也氏にご協力をいただいた。３氏とは何十回もミーティングを重ね、読者に役立つ内容にするよう議論を繰り返した。お礼を申しあげます。

全ページが、読者の文章上達に役立つことを切に希望するとともに、みなさんの「生活が面白く、豊かになる」ことを心からお祈り申しあげます。

＊

この本の初版（1996年５月）と改訂版を出版した後、「まったく新しいタイプの文章術の本」として、全国の読者から多くの反響がありました。非常に参考になる質問や疑問も、多数お寄せいただきました。今回の新訂版にあたっては、読者の方々からの質問や疑問をもとに改良を加え、20以上の新たな項目を追加しました。さらに、読みやすくするため２色刷にしました。したがって、新訂版は、改訂版と比べて、さらに大幅にグレード・アップしています。これからも、「読者参加の本」として、大切に育てていきたいと願っています。

2003年　秋

成川豊彦

目次

C O N T E N T S

第Ⅰ章

《成川式》文章上達のための心構え

第II章

《成川式》ちょっとした文章作法でみるみる上達

文章の基本構成

第III章

《成川式》文章上達「べからず」集

避けたい表現

避けたい言葉

第Ⅳ章

《成川式》注意すべき文章表記法

接続の表し方

送りがな・かなづかい

参考文献

◎『NHK編 新用字用語辞典』(日本放送出版協会)
◎『文章・用字用語ハンドブック』テクニカルコミュニケーション研究会編(日経BP出版センター)
◎『何でもわかる 文章の百科事典』平井昌夫(三省堂)
◎『日本語の文章術』奥秋義信(創拓社)
◎『最新 文章の作り方実例事典』大隈秀夫監修(主婦と生活社)
◎『標準 校正必携 第七版』日本エディタースクール編(日本エディタースクール出版部)
◎『ちょっとした社内作法』成川豊彦(講談社)
◎『成川式 ビジネス文書の作り方』成川豊彦(PHP研究所)
◎『成川式 小論文の書き方』成川豊彦(PHP研究所)
◎『成川式·司法試験合格論文の書き方』成川豊彦(早稲田経営出版)

装幀・本文組版=石間　淳
カバー写真=©PETER ZERAY／amana images

第 I 章

《成川式》
文章上達のための心構え

1
「パッ」とひらめいたことが、文章になる

ある題材のもとに、よい文章を書くプロセスとは。

改善ポイント

(**1**) ある題材について、知っていること、書きたいことをアト・ランダムに挙げていく。
　▶文章を書く動機になる。

(**2**) ひらめいたことを、簡単な文章や図、表などにメモする。
　①どんな紙に書いてもよい。
　②机に向かっていなくてもよい。例えば、電車の中、歩行中やトイレの中などでもよい。
　〈注〉メモ帳やペンなどは、常に持ち歩く。

(**3**) 文章や図、表などを順序よく並べる。次のうちの、どれかの順番にする。
　①はじめに→本論→おわりに
　②起→承→転→結
　▶自分の考えが整理される。

(**4**) 見出しを考える。
　▶どんな内容かを一言で表現する。
　▶「ハッ」とするようなキャッチ・コピーがよい。

(**5**) 下書きをする。
　▶実際に書くことで、完成文の準備段階になる。
　▶不要なもの、足りないものがわかってくる。

(**6**) 原稿用紙やレポート用紙などに向かって書く。時々、声を出して読みながら書く。

(**7**) 最初の2、3行で読み手を引き付ける。

(**8**) 書き終えた後に、声を出して読み上げながらチェックする。
　▶間違いや、おかしい表現が見つけられる。

(**9**) 少し時間をおいて読み直す。
　▶重要な文章で時間がある場合は、1週間から1カ月おいてもう一度見直す。

〈注〉よい文章になるかどうかは、(2)から(4)のデッサンで決まる。すぐ書き出すようではダメである。

2 「清潔で」「面白く」「やさしく」「有意義」が、ポイント

文章を書くときに、最も重要なことは何か。

改善ポイント

（1）「清潔で」なければいけない（紙や書き方などが見た目に清潔であること）。
- すべての表現の大前提になる。
- 手書きの場合、特に大切なポイントである。
- 清潔でないと、内容もいいかげんだと思われる。

（2）「面白く」なければいけない（ユニークな切り口であること）。
- 面白いとは、テーマと中身に自分独自の視点やとらえ方があること。
- 面白くないと、次の文章に読み進んでもらえない。

（3）「やさしく」なければいけない（短くて、わかりやすい文章であること）。
- 内容をだれにでも理解してもらうため。

（4）「有意義」でなければいけない（役立つ内容であること）。
- 読む価値がある。

〈注〉「清潔で」→「面白く」→「やさしく」→「有意義」の順序が大切である。「有意義」を最初のポイントにしてはいけない。読みにくいからである。

3
6割の人生観と、4割の情報とテクニックで文章はうまくなる

読み手を感動させる文章を書くためには、何が必要か。

改善ポイント

（1）文章がうまくなるには、6割の「人生観」と、4割の「情報」と「テクニック」が必要である。「人生観」は「テクニック」以上に大切である。

- 「人生観」がしっかりしていないと、読み手を感動させる文章は書けない。自分の生き方があいまいでは、読み手を説得できるわけがない。「テクニック」だけでは、よい文章にならない。
- 「テクニック」もなければ、なおさら読んでもらえない。

（2）人の目に触れる文章は、書き手にとっては「氷山の一角」。その氷山（文章）を支えるのが、書き手の「人生観」と「情報」「テクニック」である。

- 6割の「人生観」と、4割の「情報」と「テクニック」に支えられた氷山（文章）は、安定しており、他人を感動させる文章となる（図①）。
- 「テクニック」と「情報」はあるが、「人生観」がしっかりしていない氷山（文章）は、不安定で内容のよくない文章（図②）。
- 「人生観」はしっかりしているが、文章を書く「情報」と「テクニック」がない人は、他人に読んでもらえるような文章は書けない（図③）。

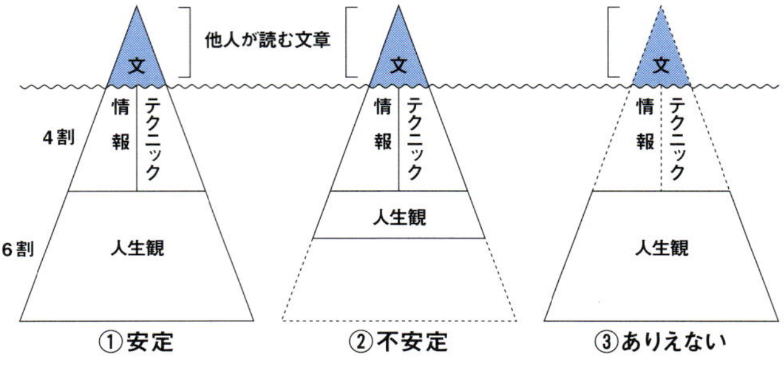

4 「サーッと読めて、心に残る文章」が最良である

「よい文章」の本質とは何か。

改善ポイント

（**1**）よい文章とは、「サーッと読めて、心に残る」文章である。

▶「サーッと読める」のは、「清潔で」「面白く」かつ「やさしい」から。「心に残る」のは、「有意義」だからである。つまり、文章に必要な 4 つの要素を満たしている。

（**2**）文章の「よしあしの判断基準」を示したのが、次の表である。

	心に残る	心に残らない
サーッと読める	①○（最高）	②×（内容がよくない）
サーッと読めない	③△（難しい）	④×（最悪）

①「サーッと読めて」、「心に残る」文章が最高。
②「サーッと読める」が「心に残らない」文章は、内容がよくない。
③「サーッと読めない」が「心に残る」文章は、内容は優れているが、一般人になじまない。
④「サーッと読めなくて」、「心に残らない」文章は最悪。

5 ロマンをもって、考えながら量をやる

よい文章を書くために、どういう心構えをもてばよいか。

改善ポイント

(1)「人生のロマン」をもつ。
▶大きな目的があると、苦しいときでも文章を書こうという気持ちがなくならない。

(2) よい作品を書く目標をもつ。
〈注〉具体的なテーマを決めること。

(3) 期限を切る。
▶ダラダラすると効果がない。

(4)「必ずうまくなる」と思う。

(5) よく考える。
〈注〉ものごとの本質や方法などを、熟慮する。そうすると、書くことが苦にならなくなる。

(6) 書く量を増やす。
▶少ない練習量では、上達しない。

(7) 改善ノートを作る。
▶同じミスをおこさないため。

(8) この本をよく読む。

6

書けると、思う

文章を書くのは、とにかく、億劫《おっくう》である。どうしたらよいか。

改善ポイント

(**1**)「自分は、文章が書ける」と思う。

- ものごとをプラス思考すると、そのことが達成できるようになる。脳が、「できるように、できるように」働くのである。
- 「文章を書くのが、難しい」とマイナス思考すると、ますます、ビビッテしまう。ペンが進まなくなる。

(**2**) プラス思考した後、すぐ書き出す。

- やれば、簡単なものだということがわかる。

7
メモ魔になる

**ふだんは仕事や読書から文章の素材を見つけている。
そのほかに、よい方法はないか。**

改善ポイント

（**1**）メモを取る。

▶「人間は、忘れる動物である」。
▶メモを取るうちに、考えがまとまることが多い。
〈注〉メモは、「何でも」「何にでも」「いつでも」「どこでも」「どんな方法」でもよい。

（**2**）筆記する対象は、次のようなものがある。

①仕事中に思いついたこと
②勉強中に気づいたこと
③読書の内容
④散歩のときにひらめいたこと
⑤観劇やスポーツ観戦のときの感動
⑥人の話
⑦頭にふと思いついたこと
⑧夢にみたこと
⑨その他

（**3**）メモを書くものは、次のようなものがある。

①メモ用紙
②ノート
③不要紙
④ナプキン
⑤紙切れ
⑥自分の手
⑦その他

（**4**）メモを取る方法は、次のようなものがある。

①思いついたとき、すぐ、その場で書く。
②走り書きする。
③原則として、「１枚に１項目」にする。
④相手の本音を引き出したいときは、メモをしない。１人になってからメモする。

⑤その他

(**5**) メモを保存するものは、次のようなものがある。

①大きな紙封筒
②大きな紙袋
③パソコン
④その他

〈注〉項目別に分けて、保存する。

8
ピントを、合わす

あるテーマについて、知っていることを順番に書けばよいと思っている。よいだろうか。

✕ 悪い例

よい温泉旅館の要件とは、「料理がおいしい」「周囲の環境がよい」「設備が完備されている」「従業員のサービスが、行き届いている」「料金がリーズナブルである」などである。

○ よい例

よい温泉旅館の要件とは、まず、温泉そのものが、「自然式」であって、「循環式」でないことである。「自然式」とは、天然の源泉をかけ流しているものであり、本物の温泉である。「循環式」とは、お湯をろ過し何回も使い回しているものであり、本来の温泉とはいえない。

次の要件としては、～

改善ポイント

（**1**）特定のテーマについて、ピントを合わせた内容を書く。

▶読み手が納得する。

〈注1〉悪い例にあげた要件は、「よい旅館の要件」であって、「よい温泉旅館の要件」ではない。ピントが合っていない。

〈注2〉「よい温泉旅館の要件」というかぎりは、まず「温泉」の内容にピントを合わせなければならない。

（**2**）ピントを合わせるためには、日ごろから、ものごとをよく考えることである。

▶考えないで文章を書くと、甘い内容になる。

(**3**)「何を書くのか(WHAT)」「目的は、何か(WHY)」「だれのためなのか(WHOM)」という3Wは、最低おさえておくことである。

9

図表で、考える

文の構成を走り書きでやっているが、うまくできない。
なにか、よい方法はないか。

例

①

	(テーマ) A	(テーマ) B
起		
承		
転		
結		

②

	(テーマ) A	(テーマ) B
結　論		
理　由		

③

	(テーマ) A	(テーマ) B
定　義		
目　的		
内　容 (経　過) (要　件) (種　類) (特　色) (欠　陥) ⋮		

改善ポイント

（**1**）テーマに関して、図表を書いて構成をする。

（**2**）横軸には、テーマを書く。テーマが２つ以上ある場合は、羅列する。

（**3**）縦軸には、「起」「承」「転」「結」や「結論」「理由」または、「定義」「目的」「経過」「要件」「種類」「特色」「欠陥」などを書く。

- 書くべき内容が、ハッキリする。
- 漏れがなくなる。
- 横縦の項目同士が、比較しやすい。

10
具体例を頭に描きながら、書く

わかりやすく、説得力のある文章を書くには、どうしたらよいか。

改善ポイント

（**1**）自分が体験したことや、具体的な例を頭に描きながら文章を書く。

- 臨場感が出る。

〈注〉場合によっては、身振り手振りを交えて、TPO（時・場所・場合）を想像しながら書く。5官のうちの4官（目、口、手、耳）を使って書くとよい。

- 例えば、「講義」についての文章を書く場合には、自分が学生時代に受けてきた「授業」や「講義」の内容を思い出しながら書く。また、ある製品の企画書を書くような場合には、その製品が完成した後、自分が消費者として使うことを想定しながら書く。

（**2**）具体例を文中に入れる。

- わかりやすくなり、説得力が出る。
- 空理空論で書かれた文章は、難しいだけ。読み手に文意が伝わらない。

11 読みながら、書く

わかりやすく、間違いのない文章を書くには、どうしたらよいか。

改善ポイント

（**1**）文章を少し書いては、声を出して読み返してみる。
▶文章がぎごちないと、流れるように読めない。

（**2**）読み手の立場に立って読む。
▶独り善がりの間違いや疑問点を発見できる。

（**3**）全文を書き終えたら、もう一度、声を出して読み返す。
▶間違いがチェックできる（自分の声が、「編集デスク」の役割を果たす）。

〈注〉声を出して読み返すのは、「1時間後」「1日後」「1週間後」などにする。文章の内容を客観的にとらえることができる。

12 自分がわからないことは、書かない

書き手自身が完全に理解していない内容を、文章にしてもよいか。

改善ポイント

（1）自分がわからない事柄は、文章にしない。

- 「ごまかしの文章」では、読み手を納得させることはできない。
- どんなにうまい文章でも、書き手が半分しかわかっていない場合、「この書き手は内容を理解していない」と、読み手にわかってしまう。
- 文章に、説得力や迫力がなくなる。

（2）自分が文章にした内容は、すべて理解しておく。

13 不明な表現は、辞書を引いて確かめる

不確かな漢字や言葉を文章に入れるときは、どうしたらよいか。

改善ポイント

（**1**）漢字や言葉の意味が不確かであったら、すぐ辞書を引く。
- 言葉は、適切に使われて初めて意味が通じるものだから。
- 人間の記憶は、いいかげんなものだから。

（**2**）辞書を引くことで、誤字、脱字や当て字がなくなる。

（**3**）不明点が多い場合には、文章を書きながら不明な漢字や言葉に△印を付けておき、後でまとめて調べるとよい。
- 効率的だから。
- その都度、辞書を引いていると、書く流れがとだえてしまうから。

14

期限を、決めて書く

「文章を書くことに集中できない」と嘆く人がいる。
「集中力」を付けるためには、どうしたらよいか。

改善ポイント

(**1**) 文章を提出する期限、つまり、「締め切り」を自分なりに決めて書く。

- 時間が限られていると、文章を書く「集中力」が付く。
- 時間に余裕があると、かえってよい文章が書けない。

(**2**) 期限を守れなかったら、反省したり、自分なりにペナルティーを科す。

- 「自分だけでなく、他人や社会に迷惑をかけている。お前は、バカだ」としかる。
- または、自分の手や顔をぶつ。

元原稿を100%チェックしてから、新原稿を作る

文章を何回も書き直すことがある。このとき、元の原稿のチェックをどうすべきか。

例

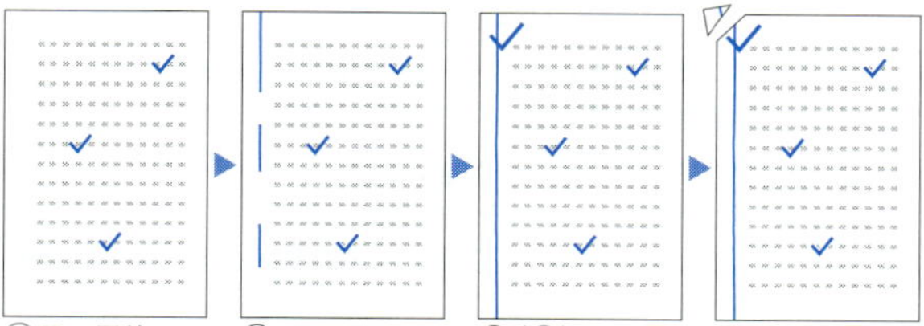

①元の原稿　②　③(④)　⑤

改善ポイント

(**1**) 横書きの文章の場合。チェックする項目を見つけた(例①)。

(**2**) チェックした項目のページの左端に、検査済みの縦線を引く(例②)。

(**3**) ページの天地が1本の線でつながったら、チェック完了である。線の上部に、大きな「✓」印をつける(例③)。

(**4**) 裏面の文章にも、同じように①②③のやり方でチェックする(例④)。

(**5**) 表面も裏面も「✓」印をつけたら、ページ左端または右端を切り落とす(例⑤)。

〈注1〉この方法以外のやり方をすると、必ず漏れが出る。
〈注2〉この方法より、「確実で速い方法」があったら、筆者にお知らせください。アイデア料を差し上げます。

16
推敲(すいこう)は、声を出しながら行う

文章を書き終わったら、どのように見直せばよいか。

改善ポイント

(**1**) 文章を書いたら、必ず2回以上「推敲」する。
- 書き漏らしを防ぐことができる。
- 独り善がりの表現をなくすことができる。
- 誤字・脱字や当て字をなくすことができる。

(**2**) 推敲の際には、声を出して文章を読む。
- スンナリ読めないのは、悪文の証拠。
- 声を出すことで、耳から聞こえてくる文章を、第三者の立場に立ってチェックできる。

〈注〉自分だけでは自信が持てないときは、家族や友人などに読んでもらい、批評してもらうとよい。

17 ぎごちない文章は、間を置いてから書き直す

どことなく流れが悪い文章を直すには、どうしたらよいか。

改善ポイント

(**1**) 自分で書いた文章を読み返してみて、意に沿わないと感じたら、間を置いてから書き直す。

〈注〉どれぐらい間を置くかは、ケースによって異なる。20～30分ほど気分転換してからという場合もあるし、1日、1週間、場合によっては半年ぐらい経ってから書き直すとよいこともある。

▶流れがよくなる。

(**2**) 書き直しは、次の順序で行うとよい。

①流れが悪い部分を含む、前後10行ぐらいを書き直す。
②節全体を書き直す。
③章全体を書き直す。
④全部を書き直す。

(**3**) 書き直した文章は、その場で声を出して読む。

▶わかりやすくなったかどうかを、確かめるため。

〈注〉手間ではあるが、億劫《おっくう》がらずにやること。

▶よい文章を書くためには大切である。
▶文章の質が3割ほどよくなる。

18 文章は、たくさん書くことで上達する

センスさえあれば文章がうまくなるという人がいるが、ほんとうか。

改善ポイント

(1) 文章は、量をこなすことで上達する。

(2) いくらセンスがあるといっても、たくさん書かなければうまくならない。

▶実践がなにより大事である。

〈注〉「センスがなければダメ」「センスがすべて」などと、能書きばかりいう人の話を聞く必要はない。

(3) 考えながら、多くの文章を書く。

▶常に、読者に訴える文章にしようと思いながら書く。何も考えずに、多量に書くだけではダメである。

〈注〉書く量を増やすためには、以下のようなことが有効。

① 毎日、ハガキや手紙を書く。

② 日記をつける。

③ 社内連絡を文書にして伝える。

(4) 携帯電話のメールやｅメールは、文章の練習にはあまりならない。

▶メールの文章は、考えて作らないことが多い。

▶メモ的になったり、会話調になりがちだから。

19

他人の文章と、読み比べてみる

**自分が書いた文章の、長所や短所をチェックするには
どうしたらよいか。**

改善ポイント

（**1**）よく似たテーマで書かれた他人の文章と、自分の文章を読み比べてみる。

- 他人の文章と比べると、自分の文章に不足しているものを発見できる。
- 自分の文章の優れている点もわかる。

20 他人の文章を、書き写してみる

文章のリズムを勉強するには、どうしたらよいか。

改善ポイント

(**1**) 他人の文章の中から、自分が書こうとする文体に近いものを選んで、書き写す。

▶文章のリズムをマスターできる。

(**2**) 書き写した文章を、声を出して読んでみる。

▶よい文章の美しいリズムを知る。

〈注〉この方法は、文章を勉強し始めたときだけにする。そうしなければ、いつまでたっても、独自の文章が書けない。

(**3**) 文章によいリズムを付けるポイントは、以下のとおり。

①書き出しを魅力的にする(第Ⅱ章 8 ～10項参照)。
② 1 文を短くし、文章にメリハリを付ける(第Ⅱ章24項参照)。
③読点の打ち方を工夫する(第Ⅱ章38、39項参照)。
④同じ語句を繰り返さない(第Ⅱ章29～32項参照)。
⑤接続詞を使いすぎず、文章の構成で読ませる(第Ⅱ章34項参照)。
⑥文末に変化をつける(第Ⅱ章20項参照)。

〈注〉ただし、ビジネス文書においては、①の「書き出しを魅力的に」をそれほど気にすることはない。

21 筆記には、パソコンとエンピツを併用する

日ごろ、文章を書く機会は多いのだが、なかなかうまくならない。なぜなのか。

改善ポイント

（**1**）パソコンで文章を作っていたのなら、かわりにエンピツで書いてみる。

- パソコン方式は、速く書ける。参考にする文や資料を検索しやすい。その反面、頭を使わなくなりがちになる。文章も、ともすれば平面的になる。
- エンピツ方式は、よく考えて書くので、文章に深みが出る。創造的な内容が書ける。その反面、文章の作成に時間がかかる。

（**2**）パソコン方式とエンピツ方式を、場合によって使い分ける。

新聞を、ていねいに読む

文章の中に、いつも新しい話題を取り入れるためには、どうしたらよいか。

改善ポイント

(1) 毎日、新聞をていねいに読む。仕事に関係する内容や、関心のあるものなどを中心に、いつも新しい情報を取り入れるようにする。

▶情報は、常に取り入れていないと古くなる。

〈注〉日ごろから「問題意識」を持つことが大切。

(2) 必要な記事は、切り抜いてファイルする。

▶読んだだけでは、すぐに忘れてしまう。

〈注〉読んでから切り抜くのが鉄則。読まないで切り抜くのは、結果的にムダになる。

(3) 文章を書くときに、うまく引用する。

▶文章が生きてくる。

〈注1〉新聞に限らず、雑誌、テレビやインターネットなどからも、積極的に情報を取り入れる。他人との雑談からも意外と新しいことが入手できる。

〈注2〉ただし、最近の新聞や雑誌の文章には、荒れているものがかなりある。だから、表現方法や文法については、あまり神経質に参考にしなくてもよい。

23 コピーを付ける練習をする

普段やれることで、文章の上達につながることはないか。

例

(1)人生について

①「燃える一日、ロマンの人生」

②「一日一生」

(2)社会について

①「自然の尊厳」

②「日本の劣化を防ぐ」

(3)ビジネス

①「CSに徹する」

②「ミスは、直せばよい」

(4)勉強

①「基本・基本・基本」

②「涼しい答案」

(5)家庭

①「無関心の関心」

②「家庭では、アンチ期即連」

(6)個人

①「y = f(x)」

②「答えは、自分」

(7)友人

①「同じ程度の努力をしないと、友情は続かない」

②「“貸し越し人間”になれ」

(8)健康

①「ロマン達成のために、自然食菜」

②「自分の体は、自分で守る」

改善ポイント

(**1**) 職場や家庭などで、日ごろ起こることに対して、コピーやタイトルを付ける。

▶人生・仕事・生活などにメリハリがつく。

▶ダラダラしがちな言動を、一言で表現するから、ムダのない考えができる。

(**2**) コピーやタイトルを書きとめておく。

(**3**) 書きとめたものを、項目別に分けておく。

▶後日、書く文章の参考になる。

24

大いに参考になる本は、同じものを3冊買う

ほとんどのページを、文章を書くときの参考にしたい本がある。どうしたらよいか。

改善ポイント

(**1**) 非常に参考になると思う本は、同じものを 3 冊買う。

(**2**) 自分が必要だと思うページを切り取る。

(**3**) 1 冊目は奇数ページ用の切り取りに、2 冊目は偶数ページ用の切り取りに使う。その後、カードやノートに貼る。

(**4**) 3 冊目は、資料として保存する。

▶コピー代、人件費や所要時間などを考えると、買ったほうが安上がりだから。

第 II 章

《成川式》
ちょっとした文章作法で
みるみる上達

1 「起・承・転・結」の形で、しっかり書けるようにする

文章は、どのような順序で書き、どんな形で終わらせたらよいか。

例

起　私が英会話学校に通い始めたのは、45歳の誕生日であった。友人たちの中には、「ぜひマスターしてください」と励ましてくれる人や、「アメリカ人の彼女でもできたの」などとからかう人がいた。これらの言葉の裏には、「いまさら英会話を勉強しても、マスターできるわけがない」という軽い嘲笑（ちょうしょう）と、「ペラペラになったらすごい」という、少しばかりの羨望（せんぼう）とが隠されていた。

承　事実、中年からの英会話の習得には、ひとつのベンチャー・ビジネスを興すのに匹敵するほどの苦労が伴う。その難事業をやり遂げることができるか否か――。それは、当初の「目的意識」をどこまで持続できるかどうかにかかっている。

転　今では年間で、2,000万人近い日本人が海外へ渡航している。外国へ出かける前には、ほとんどの人が付け焼き刃で英会話を勉強する。しかし、帰ってきて1カ月たって、まだ英語の勉強を続けている人は皆無に近い。目的を強く持ち、持続させることがいかに難しいか、これでおわかりいただけるだろう。

結　実は、私も1年の間に10回以上も挫折しそうになった。だが、放棄せずに頑張ってこられたのは、そのたびに、「なぜ英語を勉強するのか」と自分で自分を追い立ててきたからだ。

改善ポイント

（1）「起・承・転・結」の順で、しっかり文章が書けるようにする。

▶「起・承・転・結」ができていない人の文章は、読みにくく、わかりにくい。

（2）「起・承・転・結」で確実に書けるようになったら、「転」や「結」を最初に持ってくるなどの工夫をしてもよい。

▶内容に合った文章の組み立て方を選ぶことで、魅力ある文章になる。

〈注1〉「起・承・転・結」は、もともと漢詩の作法からきている。

「起」とは、事を説き起こす。　→主題を投げかけ、
「承」とは、それを承(う)けて説き進める。　→展開し、
「転」とは、想を転じ、趣を変える。　→場面を転じて、
「結」とは、全体をまとめて結ぶ。　→主題をまとめる。

〈注2〉「序論」「本論」「結論」という組み立てで書いてもよい。

2 正しい形式の文を、書く

文の構造には、どんな種類があるか。

例

①

1：彼は、ピアニストです。
（主語）（述語）

2：私は、ショパンが好きです。
（主語）（述語）

②

（主語）（述語）（主語）（述語）
彼が弾いているのは、ショパンが作曲したソナタです。
（主部）（述部）

③

彼が弾き、私が歌う。
（主語）（述語）（主語）（述語）

改善ポイント

（**1**）単文、複文、重文の違いを知る。

〈注1〉単文とは、主語と述語の関係が1回だけで構成されている文（例①−1、2）。

〈注2〉複文とは、主部と述部との関係がある文で、主部と述部のそれぞれにさらに主語と述語との関係が含まれている文（例②）。

〈注3〉重文とは、主語と述語との関係が2回以上あり、しかも対等に並んでいる文（例③）。

3 主語と述語は、なるべく近くに置く

主語と述語の間に、あれこれ修飾語を入れてよいか。

× 悪い例

年初からの突然の円高は、バブル崩壊以来の大きな打撃を、製品の輸出に頼っているわが国の企業、特に中小の下請企業に与えた。

○ よい例

①製品の輸出に頼っているわが国の企業、特に中小の下請企業にとって、年初からの突然の円高は、バブル崩壊以来の大きな打撃であった。

②年初からの突然の円高は、わが国の企業、特に中小の下請企業にバブル崩壊以来の大きな打撃を与えた。というのも、それらの企業は、製品の輸出に頼っているからだ。

改善ポイント

(**1**) 主語と述語は、なるべく近くに置く。

(**2**) 主語と述語を近くに置くためには、その間にある修飾語を前に出す(よい例①)。

(**3**) 1つの文を2つに分けることで、主語と述語を近づけることも考える(よい例②)。

4 見出しで、本文の内容を適切かつ簡潔に表現する

見出しは、どのように付けるのがよいか。

× 悪い例

「人間の尊厳」より「自然の尊厳」を考慮する

○ よい例

「自然の尊厳」こそ重視

改善ポイント

(**1**) 見出しは、本文の内容を適切かつ簡潔に表現する。その文章の心臓部を、ズバリ一言で言い当てることが大切である。

(**2**) 見出しを考えてから、文章を書く。

- 先に見出しを考えることで、文のテーマ、構成やポイントなどが明確になる。
- 文章を書いてから見出しを考えていたのでは、文章にまとまりがなくなってしまう。

(**3**) 文章を書き終わってから、もう一度、見出しを見直すとなおよい。

(**4**) 見出し付けがうまくなるための方法

① 新聞を読むときに、見出しを隠しながら読む。
② 自分なりに見出しを付けてみる。
③ 1つの見出しは、10字程度までにする。
④ 自分が付けた見出しと、新聞記事の見出しとを比べてみる。

- 新聞記事の見出しと比べることで、適切で簡潔な表現がよくわかる。

見出しと同じ言葉を、本文中にも使う

見出しを本文の一部と考えて、見出しと同じ内容は本文では述べなくてよいか。

✕ 悪い例

見出し→**文はなるべく短くする**

本　文→これが、わかりやすい文章を書くコツである。1文が長すぎると、一貫性のない文章になりやすい。

○ よい例

見出し→**文はなるべく短くする**

本　文→わかりやすい文章を書くコツは、文をなるべく短くすることである。1文が長すぎると、一貫性のない文章になりやすい。

改善ポイント

（**1**）見出しと同じ内容の言い回しを、本文中にも使う。

- 見出しの内容をあらかじめ頭に入れながら、読み進むことができる。
- 読んでいて安心感がある。

（**2**）見出しと同じ言葉が本文中にないと、読み手が、見出しと本文との関係を結び付ける作業をしなければならなくなる。

〈注〉ただし、本文の冒頭で、見出しとまったく同じ言葉を繰り返すと、しつこい感じになる場合がある。その場合は、本文で言い回しを変えるとよい。

6
ビジネス文書では、文体は「である調」で統一する

「である調」と「です・ます調」が、混じってしまってもよいか。

× 悪い例

人生80年の時代を迎え、定年は「第二の人生の始まりの時」といえるでしょう。第二の人生を快適で有意義なものとするためにも、年金や保険などの諸手続きをきちんとすませておかなければなりません。

しかし、何をどうしたらよいのか、見当もつかない人がほとんどのようだ。何かよいガイドブックはないものでしょうか。

○ よい例

人生80年の時代を迎え、定年は「第二の人生の始まりの時」である。第二の人生を快適で有意義なものとするためにも、年金や保険などの諸手続きをきちんとすませておかなければならない。

しかし、何をどうしたらよいのか、見当もつかない人がほとんどのようだ。何かよいガイドブックはないものだろうか。

○× 改善ポイント

(1)「である調」と「です・ます調」の文体が混じってはいけない。
▶読み手が混乱する。

（**2**）ビジネス文書の場合は、原則として「である調」で統一する。

▶「である調」のほうが、簡潔で文のキレがよくなる。

▶ビジネス文書では、内容を読み手に正確に伝えるのが第一の目的。文章の雰囲気を出すことを考えるのは、その後でよい。

〈注1〉ビジネス文書では、書き手が女性でも「である調」を使う。

〈注2〉ただし、読み手が子どもや高齢者の場合は、やさしい雰囲気を出すために「です・ます調」で統一するとよい。この場合は、文字も１回り大きくすることが望ましい。
「である調」の場合は、多少、難しい言葉を使ってもよいが、「です・ます調」の場合は、できるだけやさしい言葉遣いにする。

〈注3〉ビジネス文書でも、儀礼文書や取引文書などでは「です・ます調」でていねいに書く。

7 文章は、断定して書く

「〜だろうか」「〜かもしれない」などの、あいまいな表現を頻繁に使ってよいか。

✕ 悪い例

1つの仕事は、多くの人との関係の中で成り立っているのではないだろうか。多くの人と仕事をする以上、トラブルが起こるのはやむを得ないのではなかろうか。したがって、よい仕事ができるか否かは、トラブルの調整のために、いかに段取りをよくするかにかかっているかもしれない。これも、ビジネスパーソンにとって大切な能力の1つではなかろうか。

○ よい例

1つの仕事は、多くの人との関係の中で成り立っている。多くの人と仕事をする以上、トラブルが起こるのはやむを得ない。したがって、よい仕事ができるか否かは、トラブルの調整のために、いかに段取りをよくするかにかかっている。これも、ビジネスパーソンにとって大切な能力の1つである。

改善ポイント

(**1**) 文章は、原則として断定して書く。
- 説得力のある文章になる。
- 短くなる。
- 文章がイキイキする。

（**2**）「～だろうか」「～なかろうか」「～かもしれない」「～と解する」「～が業界の通説である」「～と思う」「～と考えられる」や「～といわれている」などは、なるべく使わない。

▶内容をぼかしたり、責任逃れにしないためである。

▶文章を強くするためである。

〈注〉読者に問いかけたい内容の場合は、ぼかす表現を使ってもよい。

8 書き出しは、短文にする

読み手の心をとらえる書き出しにするには、どうしたらよいか。

× 悪い例

わが輩は、自分の名前がまだ付いておらず、どこで生まれたかもまったくわからない猫である。

○ よい例

吾輩は猫である。名前はまだ無い。
どこで生れたか頓《とん》と見当がつかぬ。

（夏目漱石『吾輩は猫である』）

改善ポイント

（**1**）書き出しで読者の心をつかむためには、なるべく短い文で断定する。

▶書き出しの文が長いと、読み手を引き付けられない。
▶長文では、わかりにくくなる。

（**2**）歯切れよく、短文でたたみかける。

9 文の書き出しは、なるべく“かな”か「　」に入れた漢字にする

初めから、スムーズに読んでもらうために、どうしたらよいか。

× 悪い例

集団示威運動の自由は、表現の自由に含まれるか、集会の自由に含まれるかが問題になる。

○ よい例

①デモ行進の自由ともいわれる集団示威運動の自由は、表現の自由に含まれるか、集会の自由に含まれるかが問題になる。

②「集団示威運動の自由」は、表現の自由に含まれるか、集会の自由に含まれるかが問題になる。

改善ポイント

(**1**) 文の書き出しは、なるべく「ひらがな」か「カタカナ」にする。
- 読み手に、スムーズに読み出してもらえる。
- 文章全体が肩がこらない印象を与える。
- 漢字が多い文章に対して、「バリアー・フリー」の効果がある。

(**2**)「かな」にすることができない場合は、最初の漢字を「　」に入れる。

(**3**) 場合によっては、数字から書き出してもよい。

10 文章は、初めの2、3行で勝負する

文章でいちばん大切な部分は何か。

× 悪い例

バブル経済の最中、日本企業はアメリカの企業を次々と買収し、世界の名画を買いあさった。経済力にモノをいわせて、かなり強引なビジネスも行ってきた。それが、いまは出口の見えない不況に悩まされている。この日本経済の沈滞ぶりは、それまでの繁栄が、株価・地価の高騰だけに支えられていたことを示している。株価や地価は、いともたやすく乱高下するものであり、日本は、いわば見せかけの強さを誇っていたといえよう。この日本経済の沈滞ぶりを打開する妙案はないものか。

○ よい例

日本経済の繁栄は、見せかけの強さであった。つまり、株価・地価という、いともたやすく乱高下するものに乗った繁栄にすぎなかったのだ。このバブル経済の最中、日本企業はアメリカの企業を次々と買収し、世界の名画を買いあさった。経済力にモノをいわせて、かなり強引なビジネスも行ってきた。それが、いまは出口の見えない不況に悩まされている。この日本経済の沈滞ぶりを打開する妙案はないものか。

改善ポイント

（**1**）文章は、初めの２、３行でよしあしが決まる。初めに読み手に「おやっ」「なるほど」と思わせる投げかけを工夫する。

（**2**）特に、最初の１文で、文章全体の出来、不出来の50％が決まってしまう。

▶文章の初めで読み手を引き付けられないと、次に読み進んでもらえない。

（**3**）文章は、断定形で書く（第Ⅱ章７項参照）。

（**4**）読み手を引き付けるには、何も特別に凝った言葉を並べる必要はない。

（**5**）文章全体の流れの中で、冒頭に何を述べたらいちばん効果的かを考える。左頁のよい例では、「日本の繁栄＝見せかけの強さ」という書き出しで、読み手を引き付ける。

11
結論を書いてから、説明に移る

読みやすく、わかりやすい書き方とは何か。

× 悪い例

学校の教師は、学問を究めた先輩としてだけでなく、
（主部）　（説明）
よりよい社会人としても生徒の模範になるべきだから、

普段から自らの生活を清く保つべきである。
（述部）

○ よい例

第１文――（主部）＋（述部）。

学校の教師は、普段から自らの生活を清く保つべきである。

第２文――その理由は、（説明）〜。

教師は、学問を究めた先輩としてだけでなく、よりよい社会人としても生徒の模範になるべきだからだ。

改善ポイント

（１）報告書や論文などでは、原則、結論を先に、説明を後に書く。
〈注〉これは原則であり、絶対的なルールではない。

（２）無理に１つの文にしないで、２つの文に分ける。

（３）第１文は、結論を書く。主部と述部を置く。
▶内容が、一目でわかる。

（**4**）第２文以降で、その理由を説明する。

▶結論の文と、説明の文を混同しないで読むことができる。

▶論理的な印象になる。

〈注〉ただし、手紙や随筆などの場合は、結論をあとにすることもある。

12
説明文では、まず、全体を1文で説明する

物事をわかりやすく説明するには、どのように書くべきか。

✕ 悪い例

よい文章を書くためのポイントとしては、第一に、読むときの感じをよくするために「清潔」であること、第二に、読んでもらうために「面白い」こと、第三に、内容が理解しやすいように「やさしい」こと、第四に、読む価値があるように「有意義」であることがあげられる。

○ よい例

よい文章を書くためのポイントは、「清潔」「面白い」「やさしい」「有意義」の４つである。次に、これらを説明する。

①「清潔」とは、～。
②「面白い」とは、～。
③「やさしい」とは、～。
④「有意義」とは、～。

改善ポイント

(１) 説明文では、その目的や特徴などを、まず、１文で説明する。
▶読み手が、何を説明する文章かを理解できる。

(２) 初めの１文の中で、いくつの項目に分けて説明するかを示す。
▶読み手が、安心して文章を読み進められる。

(**3**) 次に、目的や特徴などを①、②、③……と列挙して詳しく述べる。

(**4**) 上記(1)～(3)を書いた後に、各項目の重要性による順番やそれぞれの関係を説明する。読み手の理解がより深まるから。

13 テーマを先に述べて、読み手を安心させる

読み手にわかりやすい文の構成として、心がけるべきことは何か。

× 悪い例

司法改革は、日本における司法制度の民主化を実現し、裁判の迅速化を図ることを目的としている。

○ よい例

司法改革の目的は、日本における司法制度の民主化を実現し、裁判の迅速化を図ることである。

改善ポイント

(**1**) テーマが何であるか（上の例では「目的」）を先に書く。
- ▶読んでいて安心感がある。
- ▶理解しやすい文になる。

(**2**) 悪い例のように、「司法改革は」と「目的としている」の間に長い説明が入ると、何のテーマかわかりづらい。読んでいて落ちつかない文章になる。

(**3**)「目的」と同じように、「ポイント」「特色」「要件」など、文のテーマを表す言葉は先に持ってくる。

14 原則として、理由を付記する

結論を述べただけで、すませてしまってよいか。

× 悪い例

私は、プールで泳ぐよりも海で泳ぐほうが好きだ。しかし、夏の海はどこも大変な込みようだ。

○ よい例

私は、プールで泳ぐよりも海で泳ぐほうが好きだ。遠く水平線を眺めながら泳ぐと、気持ちが実に爽快になるからだ。

しかし、夏の海はどこも大変な込みようだ。

○× 改善ポイント

（**1**）結論を述べた一文の後には、原則として、その理由を付記する。

▶理由（なぜ）を書かなければ、読み手が文意を納得しにくくなる。

▶書く人の独り善がりにならないために。

（**2**）理由（なぜ）がわかりきっている場合は、わざわざ書く必要はない。

〈例〉「空は青い」や「地球は丸い形をしている」など。

15 関連性の強い内容を、まとめて前に置く

ある文章を書いて、読み返してみたら、文章の順番が整っていないところが出てきた。どうしたらよいか。

✕ 悪い例

今年のリンゴは、とても赤く、形もよい。昨年のリンゴは、形が悪く酸味も強かった。今年のリンゴは、甘いと評判である。それに値段も安い。

○ よい例

今年のリンゴは、とても赤く、形もよい。甘くて値段も安いと評判である。しかし、昨年のリンゴは、形が悪く酸味も強かった。

改善ポイント

（**1**）文章の順番が整っていないときには、関連性の強い内容をひとまとめにする。

▶**関連性の薄い文章が途中に混じってくると、読み手が混乱する。**

（**2**）主題として論じている内容は、前に置く。

▶**主題が先に書かれていたほうが、読み手は理解しやすい。**

（**3**）上記の悪い例では、今年のリンゴの記述の途中に、昨年のリンゴの記述（下線部分）が混じってしまっている。主題である今年のリンゴの話をひとまとめにして、先に述べるのがよい。

16 重要度の高いものから、先に書く

いくつかの事柄を列挙するときに、わかりやすく表現するには、どうしたらよいか。

× 悪い例

Aさんの家族は、4人である。

高校生の長男と大学生の長女。それに、Aさんと奥さんである。

○ よい例

Aさんの家族は、4人である。

Aさんと奥さん。それに、大学生の長女と高校生の長男である。

改善ポイント

（1）いくつかの事柄を列挙するときは、重要度の高いものから低いものへという順に書く。

▶重要度の順番が前後すると、読み手が混乱してしまう。

（2）どの事柄が重要かは、文章ごとに異なる。上記の例では、家族構成の説明だから、家族の基となる「夫婦」を先に置いた。

17 修飾語は、修飾される語の近くに置く

修飾語はどこに置いたらよいか。

✕ 悪い例

①決して彼は、みんながいっているような悪いことはしていない。

②彼は、決してみんながいっているような悪いことはしていない。

○ よい例

彼は、みんながいっているような悪いことは決してしていない。

改善ポイント

（**1**）修飾語がどの言葉に係るかを、常に意識して文章を書く。
▶文意が通じやすくなる。

		（主語）		（述語）
〈例〉	長身の	彼女が、	素早く	走った。
	（修飾語）	（被修飾語）	（修飾語）	（被修飾語）

①「長身の」は、主語の「彼女」が「どんな」女性かを示す。
②「素早く」は、述語の「走った」を、「どのように」走ったかを示す。
③この場合に、「素早く、長身の彼女が、走った」と書くと、「素早く」がどこに係るかあいまいになって、文意がわかりにくくなってしまう。

〈注1〉修飾語とは、主語や述語の内容を詳しく説明するとともに、文全体の意味をハッキリさせる言葉である。

〈注2〉悪い例の②「決してみんながいっているような悪いことはしていない」の、「みんながいっているような悪いことは」に相当する部分が短ければ許容される。

〈例〉彼は、決して悪いことはしない。

主語を省いても、よいときがある

どんな場合も、主語を省いてはいけないか。

例

①山下は、エレベーターを12階で降りた。ネクタイをきりりと締め直して、東西商事の受付に向かって歩いて行った。

②夜寝る前に、必ずその日にあったことを反省する。社会人になってから、ずっと続けていることである。

③東京都では、ゴミ削減運動が積極的に展開されている。

④10年越しの不景気で、暗い雰囲気になっている。

⑤特定の人の「信教の自由」を守ることは大切だが、「公共の福祉」も守らなければならない。

改善ポイント

(**1**) 日本語では、主語が省かれることがある。

(**2**) 主語を省くのは、省いても文章として問題がないとき、または省いたほうが文がスッキリする場合に限られる。

(**3**) 上記の例を解説すると、次のとおり。

例① 前の文の主語を受けて、主語を省く場合
例② 主語（私）がなくても、意味が明らかな場合
例③ 助詞「は」の代わりに、「では」が使われている場合
〈注〉「東京都は、ゴミ削減運動を積極的に展開している」と同じ意味。
例④「人々」や「世間」が主格である場合
例⑤ 一般的な原則や客観的な事実を述べる場合

19 「文頭」と「文末」が、矛盾しないようにする

文章に一貫性を持たせるには、どうしたらよいか。

× 悪い例

野球のチームが強くなるための必須条件には、選手個人の能力の向上とチーム・プレーの充実の２つである。

○ よい例

野球のチームが強くなるための必須条件には、選手個人の能力の向上とチーム・プレーの充実の２つがある。

○× 改善ポイント

（**1**）文章の書き出しと結びには、助詞を正しく使って一貫性を持たせる。

▶一貫性のない文章は、意味が取れなくなる。

（**2**）一貫性があるかどうかは、中間部分を省略し、「文頭」と「文末」を続けて読んでみるとわかる。上記の例では、以下のとおり。

× 必須条件には、～２つである。

○ 必須条件には、～２つがある。

〈注1〉一文が長すぎると、一貫性のない文章になりやすい。一文の長さは、多くても50字程度を目安にする。

〈注2〉上記の例では、次のように書くこともできる。

野球のチームが強くなるための必須条件は、選手個人の能力の向上とチーム・プレーの充実の2つである。

20 文末に、変化をつける

文末がいつも同じようになりがちだが、それでよいか。

✕ 悪い例

入社試験の最終面接日の朝がきた。これが最後だと思うと、昨夜はなかなか眠れなかった。まず顔を洗った。パンとコーヒーだけの簡単な朝食をとった。スーツに着替えた。いちばん気に入っているネクタイを締めた。自分でも緊張しているのがわかった。これまで頑張ってきたのだから大丈夫、と自らに言い聞かせた。

○ よい例

入社試験の最終面接日の朝。これが最後だと思うと、昨夜はなかなか眠れなかった。まず顔を洗い、パンとコーヒーだけの簡単な朝食をとる。スーツに着替え、いちばん気に入っているネクタイを締める。自分でも緊張しているのがわかった。これまで頑張ってきたのだから大丈夫、と自らに言い聞かせた。

改善ポイント

（**1**）意識して、文末に変化をつける。
▶意識しないと単調になってしまう。

（**2**）場合によっては、2つの文を1文にしてもよい。

〈注〉よい例の「とる」「締める」などのように、過去の事柄を現在形で書くと、リズムを出すことができる。

文末は、一般文では統一しないが、論文では統一する

一文の終わりの部分は、一般文と論文では、異なるのか。

× 悪い例

①一般文〔～だ。～だ。～だ。～だ。〕

②論　文〔～だ。～である。～を意味する。〕

○ よい例

①一般文〔～(体言止め)。～だ。～である。～た。〕

②論　文〔～である。～である。～である。〕

改善ポイント

(**1**) 一般文では、文末に変化をもたせる(よい例①)。
- 単調にならない。
- 読み手が、疲れない。

(**2**) 論文では、文末は原則として「～である」で統一する(よい例②)。
- 正々堂々とした断定語である。
- 内容も格調があるように思われ、信頼感を与える。

22 語順を変えると、強調する部分を変えられる

表現を強めるためには、どのような方法があるか。

例

■８月の初めに、私は高校時代の仲間と、炎天下のグラウンドでサッカーを楽しんだ。

①私が高校時代の仲間と炎天下のグラウンドでサッカーを楽しんだのは、８月初めのことだった。

②８月の初め。私は高校時代の仲間と、炎天下のグラウンドでサッカーを楽しんだ。

③私が、８月初めに炎天下のグラウンドでサッカーを楽しんだのは、高校時代の仲間とだった。

④私が、８月の初めに高校時代の仲間とサッカーを楽しんだのは、炎天下のグラウンドでだった。

⑤私が、８月の初めに炎天下のグラウンドで高校時代の仲間と楽しんだのは、サッカーだった。

改善ポイント

（**1**）文の中の語順を変えると、強調する部分が変わってくる。

（**2**）上記の例では、それぞれ下線部分が強調される。

（**3**）【強調の方法①】文の最後に持ってくる方法(例①、③、④、⑤)。
【強調の方法②】文の最初に置き、短文で区切る方法(例②)。

23 終わりの部分を、大切にする

文の最後やあとがきが、平凡になりがちだが、どうすればよいか。

× 悪い例

あとがき

…………………………………………………………。

刊行に際して、A社編集部のB編集長に大変おせわになった。ここに記して、お礼を申しあげたい。

○ よい例

あとがき

…………………………………………………………。

刊行に際して、A社編集部のB編集長ほか多くの方々にご指導とご協力をいただいた。深くお礼を申しあげます。

人生は、短い。この本のノウハウを活用していただき、人生を少しでも長く、実のあるものにしてほしい。

改善ポイント

(**1**) 本文やあとがきの最終部分には、特に心を込めた文章を書く。

▶本文の場合。「起承転結」の「結」だから、結論が大切である。

▶あとがきの場合。読んだ後の印象がよくなる(よい例)。

(**2**)「最終部分は、文の書き出しと同じぐらい重要である」と認識する。

24 文は、できるだけ短くする

「1文を短くしたら、もっと文章がうまくなるのに……」と言われたが、ほんとうか。

✕ 悪い例

①彼は、陸上競技大会の数日前の練習で足を痛めてしまったのだが、痛み止めの注射を打って100m競走に出場し、クラスでいちばんよいタイムを記録した。

②会議では、事前に準備をし、関係者に根回しをし、ある程度の方向性を決めておくことも大切である。

○ よい例

①彼は、陸上競技大会の数日前の練習で足を痛めてしまった。しかし、痛み止めの注射を打って100m競走に出場し、クラスでいちばんよいタイムを記録した。

②会議では、事前の準備が大切である。関係者に根回しをし、ある程度の方向性を決めておくことも忘れてはならない。

改善ポイント

（1）1文は、できるだけ短くする。
- 文章の「流れ」に、メリハリがつく。
- 読み手が、内容を理解しやすくなる。
- 長文はわかりづらく、ダラダラした感じになる。

（**2**）助詞の「が」や、「する」の連用形である「〜し」を使うと、どうしても文が長くなる。注意する。

（**3**）「が」や「〜し」のところで、文を分けられないかどうか検討する。

▶ 1つの文に1つの内容だけを入れると、文意が伝わりやすい。

25 一言で、表現する

ダラダラした感じの文しか、書けない。どうしたらよいか。

× 悪い例

　日本の社会において、最近、こどもたちがよくキレるし、学校の先生も、教育に熱意を示さない、一方、親もこどもを甘やかし続けている。

　会社に入っても、若い人を上司が注意できない。会社も、収益・利益と右往左往している。

　こんな社会に日本はなってしまった。

○ よい例

「日本の劣化」が、進んでいる。

　最近、こどもがよくキレる。親が、こどもを甘やかす。学校の先生は、教えることに熱意がない。

　一方、会社では、上司が若い社員を注意できない。経営者はどうやって会社運営をしていったらよいかわからず、右往左往している。

改善ポイント

（**1**）文章の最初に、いいたいことを一言で表す。

▶読み手が、題意をすぐ摑める。

〈注1〉悪い例のように、漠然と書かない。

〈注2〉よい例のように、「日本の劣化」とズバリ、一言で、書きたいことを表す。

（**2**）日ごろから、「いま、考えていることを、一言でいえばどういうことか」と自問自答する。

26 1つの文には、1つの事柄だけを入れる

1つの文に、多くの事柄を入れてもよいか。

× 悪い例

　私は、東京の大学で日本画の勉強を重ねて、ようやく個展を開けるまでになったが、プロとしてはまだまだ半人前であり、さらなる勉強が必要だと思い、パリへの留学を決心した。

○ よい例

　東京の大学で日本画の勉強を重ねて、ようやく個展を開けるまでになった。とはいえ、プロとしてはまだまだ半人前である。もっと勉強が必要だ。そこで、私は、パリへの留学を決心した。

○× 改善ポイント

（1）1つの文に、多くの事柄を入れない。
- 文の意味が、伝わりにくくなる。
- 文がダラダラと、長くなってしまう。
- 性格がルーズな印象を与えてしまう。「ピシッと決まった人間」と思われるためにも、短文にする。

（2）いくつかの文に分ける。
- 理解しやすくなる。

（3）上記の悪い例では、＿＿＿＿部分と　　　　部分の2つの事柄が、1つの文に入ってしまっている。

27 1つの文が長くてもたつくときは、2つか3つの文に分ける

1つの文が長くて、内容がわかりにくくなっているときは、どうしたらよいか。

✕ 悪い例

　名刺交換は、必ずきちんと立っていねいにお辞儀し、「○○と申します」と名乗りながら、名前が見やすいように名刺を相手のほうに向け、両手で差し出します。

○ よい例

　名刺交換は、必ずきちんと立って行います。まずは、ていねいにお辞儀しましょう。「○○と申します」と名乗りながら、名前が見やすいように名刺を相手のほうに向け、両手で差し出します。

改善ポイント

（**1**）1つの文を、2つか3つの文に分ける。
　▶読みやすくなる。
　▶内容が理解しやすくなる。

（**2**）他人から「文意が通りにくい文章だ」と言われたときは、まず、どこかで文を分けられないかを検討する。

〈注〉この項の例文は、「です・ます調」にした。

28 不要な部分を、捨てる

文章が冗長で、間延びしているときは、どうしたらよいか。

✕ 悪い例

ビジネス文書は、一定の書式にのっとって書かれるもので、したがって、一般の文章とは違った独特の言い回しが多く使われる。だから、これらの表現をきちんとマスターしておかないと、いかに文章がうまい人であっても、実際には、正しく書くことができない。

○ よい例

ビジネス文書は、一定の書式にのっとって書かれる。だから、書式の表現をマスターしなければならない。

改善ポイント

（**1**）なくても意味が通じる、不要な文章や接続詞などを削る。
▶締まった文章になる。

（**2**）どんな文章も、中味を捨てて、捨てて、捨てまくる。
▶残った文章が、“ピカリ”と光る。

29

1文の中で、同じ意味の言葉を重複して使わない

できるだけわかりやすく書こうとして、1つの文の中に同じ意味の言葉を繰り返し使ってしまったが、よいか。

✕ 悪い例

①休憩とは、仕事をいったん途中で中断して、頭と体を休める休み時間である。

②単に頭の中で考えただけの戦略では、意味がない。

○ よい例

①休憩とは、仕事をいったん中断して、頭と体を休める時間である。

②－1：頭の中で考えただけの戦略では、意味がない。
　2：単に頭の中で考えた戦略では、意味がない。

改善ポイント

(**1**) 同じ意味の言葉を、1文の中で重複して使わない。
▶使っても意味がなく、回りくどくなる。
▶読み手に、「雑だ」「甘い」と思われてしまう。

(**2**) 上記の悪い例①では、「～途中で中断して、～」とあるが、「中断」とは、もともと何かをしている「途中」でやめること。したがって、「中断」の前に、「途中で」と書く必要はない。「休める休み時間」という表現も、同様に重複している。

(**3**) 悪い例②では、「単に～だけ」が重複している。どちらか一方でよい。

〈注〉次に、うっかり使ってしまいがちな言葉を列挙しておく。

悪い例	よい例
❶あらかじめ予約していた部屋	❶予約していた部屋
❷いちばん最後に	❷最後に／いちばん後に
❸今の現状について	❸現状について
❹価格が急に値上がりして	❹価格が急に上がって／急に値上がりして
❺各位殿	❺各位
❻各事業部ごとに	❻事業部ごとに／各事業部に
❼過小評価しすぎている	❼過小評価している
❽30〜40%程度	❽30〜40%
❾射程距離内に入る	❾射程内に入る
❿従来からの問題点	❿従来の問題点
⓫受注を受けてから	⓫注文を受けてから／受注してから
⓬大別すると５つに分けられる	⓬大別すると５つになる／５つに大きく分けられる
⓭〜だけに限ります	⓭〜だけです／〜に限ります
⓮例えば、駅での終日禁煙の広がりは、その例です。	⓮駅での終日禁煙の広がりは、その例です。
⓯単に〜だけ	⓯単に〜／〜だけ
⓰途中で中断する	⓰中断する
⓱〜にしかすぎない	⓱〜にすぎない
⓲〜にだけ固有の	⓲〜に固有の
⓳まだ未解決の問題	⓳未解決の問題
⓴最もベストの	⓴ベストの
㉑最も優秀な社員の１人	㉑最も優秀な社員
㉒約100mほど	㉒約100m／100mほど／ほぼ100m
㉓休める休み時間	㉓休める時間／休み時間

30 同音の語句を、1つの文で繰り返さない

1つの文の中で、何度も同音の語句を使ってよいか。

× 悪い例

①大学に残って研究者としての道を進むよりも、社会に出ることにより、より多くの体験を積むことのほうが、より有意義な時間となることは間違いない。

②食後30分以内に薬を飲むのが効果がある。

③途中経過を表に表すと、次のようになる。

○ よい例

①大学に残って研究者としての道を進むよりも、社会に出て、さらに多くの体験を積むことのほうが、有意義な時間となるのは間違いない。

②－１：食後30分以内に薬を飲むのが効果的である。
　　２：食後30分以内に薬を飲むと効果がある。

③途中経過を表に示すと、次のようになる。

改善ポイント

(**1**) 同音の語句を、1つの文の中で繰り返して使わない。
▶同音の語句を何度も使うと、稚拙な印象になる。

(**2**) 言い回しを変える。
▶文の流れがスッキリする。

(**3**) 同音でなくても、同じ漢字を繰り返すことは、なるべく避ける（よい例③）。

31
2、3行の間に、同じ言葉を続けて使わない

ある文章を書いたら、2、3行の間に同じ言葉を何度も使っていたが、よいか。

✕ 悪い例

①長い時間の講義では、途中で休まないと、先生だけでなく学生も疲れてしまう。休まないと講義内容は荒れ、学生の理解も極度に落ちてしまいかねない。

②弁護士の存在意義や問題点など、弁護士の世界を紹介する。

○ よい例

①長い時間の講義では、途中で休まないと、先生だけでなく学生も疲れてしまう。講義内容は荒れ、学生の理解も極度に落ちてしまいかねない。

②－1：存在意義や問題点など、弁護士の世界を紹介する。

2：弁護士の世界、特に存在意義や問題点などを紹介する。

改善ポイント

(1) 同じ言葉を続けて使わない。なくても文意が通じるならば、省く。

- 表現がくどくなる。
- ビジネスパーソンは忙しいので、文章がくどいと、それ以降を読み進んでくれないことがある。

(2) 同じ意味の、別の言葉に言い換える。

- 読みやすくなる。

32 同じ意味の文を、繰り返さない

「くどい文章」を、わかりやすい文章にするには、どうしたらよいか。

✕ 悪い例

私は、辞書をノート代わりに使っている。辞書が私の英語に関するノートなのだ。辞書の中に、英語に関するすべての情報を書き込んでいる。辞書を見れば、英語に関するすべての情報が入っているわけだ。つまり、辞書以外には、ノートはいっさい使っていない。ノートはいっさい使わなくても、辞書の中にノートがあるのだ。

○ よい例

私は、辞書をノート代わりに使っている。辞書の中に、英語に関するすべての情報を書き込んでいる。つまり、辞書以外には何も使っていない。

改善ポイント

(1) 同じ内容の文を、続けて書かない。上記の悪い例の下線を引いた文は、いずれも直前の1文の内容を繰り返しているだけである。
▶読み手が、イライラしてしまう。

(2) 文章を読み返して、ムダな表現や文はできるだけ削る。
▶簡潔な表現になる。
▶内容が、わかりやすくなる。

33 不要な修飾語を、使わない

簡潔で、わかりやすい文章を書くために、心がけるべきことは。

✕ 悪い例

私は、仕事でかなり一日中忙しいから、特別に英語だけを勉強している時間がない。そこで、だれにも邪魔されない通勤時間をそれなりに利用することを考えた。通勤電車の中を、自分なりにフルに利用する「私設英語学校」にしようというわけである。

○ よい例

私は、仕事で一日中忙しいから、英語だけを勉強している時間がない。そこで、だれにも邪魔されない通勤時間を利用することを考えた。通勤電車の中を、「私設英語学校」にしようというわけである。

○✕ 改善ポイント

(1) 簡潔でわかりやすい文章を書くには、不要な修飾語を使わない。

(2) 書いた文章を、声に出して読み返してみる。

(3) 削っても文意が変わらず、しかも、文章がスッキリつながるならば、その修飾語を省く。

(4) 上記の悪い例では、「かなり」「特別に」や「それなりに」には、あまり意味がない。また、「自分なりにフルに利用する」という表現は、前の行の「それなりに利用する」と重複している。

34 接続詞は、できるだけ省く

文のつながりを、接続詞にばかり頼ってしまってよいか。

✕ 悪い例

最近では、「定年までこの会社で働きたい」と思っている新入社員は、２割にも満たない。そして、一方で、「機会があれば転職したい」と考えている人が、５割を超えているという。だから、人事としても、これまでのような終身雇用・年功序列を前提にできなくなっている。これにより、年俸制を採用する大企業も増えてきている。とはいえ、日本の企業では、完全な能力主義が定着するのはまだまだ先ではなかろうか。

○ よい例

最近では、「定年までこの会社で働きたい」と思っている新入社員は、２割にも満たない。一方で、「機会があれば転職したい」と考えている人は、５割を超えているという。

人事としても、これまでのような終身雇用・年功序列を前提にできなくなっており、年俸制を採用する大企業も増えてきている。とはいえ、日本の企業では、完全な能力主義が定着するのはまだまだ先ではなかろうか。

改善ポイント

（**1**）接続詞は、できるだけ省く。勇気を出して省略してよい。
▶スッキリした文章になる。

（**2**）接続詞を使わずに、わかりやすい文の流れをつくる。これが文章力向上のコツ。

（**3**）ただし、話の流れを変えるときや逆のことを書く場合は、必ず接続詞を使う。

35

文章を書くときは、句読点を忘れない

句点「。」や読点「、」を打ち忘れると、読みにくくなるか。

改善ポイント

（**1**）必要な句読点を、忘れないようにする。
- 読みやすくなる。
- 内容を理解しやすくなる。
- 基本的なミスのある文章は、読むのが嫌になる。

（**2**）句点は、文の終わりに打つ（第II章36、37項参照）。

（**3**）読点は、文を読みやすくし、誤解を招かないようにするために打つ（第II章38、39項参照）。

〈注〉ごく当たり前のことだが、意外に忘れる人が多いので注意。特に、読点を正しく打つこと。

36
句点「。」は、文の終わりに打つ

句点は、どのような場合に打つのか。

× 悪い例

①彼は、優秀なスポーツマンである

②わが社は、社会人ラグビーで優勝した（昨年の日本選手権）

③合格者は、次のとおり（敬称略）

④彼は、今どこにいるのか……

⑤彼女は、真っ赤な顔をして言った。「とてもくやしい」

○ よい例

①彼は、優秀なスポーツマンである。

②わが社は、社会人ラグビーで優勝した（昨年の日本選手権）。

③合格者は、次のとおり。（敬称略）

④彼は、今どこにいるのか……。

⑤彼女は、真っ赤な顔をして言った。「とてもくやしい」。

改善ポイント

（**1**）句点は、文の終わりに打つ。（よい例①）

▶読み手に、文の終わりを知らせるため。

（**2**）文末に（　）で注釈を付けたときは、句点は（　）の後に打つ。（よい例②）

▶（　）内の注釈も、文の一部であるとわかってもらうため。

（**3**）ある文をいったん終わらせた後、続いて文章全体の注釈、筆者名、著作権や写真説明などを（　）で付けるときは、（　）の前に句点を打つ。（よい例③）

▶付記であることを明らかにするため。

（**4**）省略や間を持たせるために、文末で「……」や「——」などを用いたときは、その後に打つ。（よい例④）

▶文の終わりを知らせるため。

（**5**）1つの文の後に「　」があるときは、「　」の後に句点を打つ。（よい例⑤）

▶「　」も、文の一部であるとわかってもらうため。

〈注1〉1つの文ではなく、事例、地名、人名や事物などを単に列挙したものには、句点を打たない。

〈例〉東京、大阪、福岡、名古屋

〈注2〉行頭が「や（で始まり、行末が」や）で終わる場合には、」や）の前にも後にも句点を打たない。

〈例〉彼は言った。
「今日は雨が降らなくて、本当によかったですね」

〈注3〉文末に、？（疑問符）や！（感嘆符）などの符号がある場合は、その後に句点を打たない。

〈注4〉？や！の後に新たな文が続く場合は、1字分あけて続ける。ただし、1つの文中に？や！がある場合は、1字あけない。

〈例〉頑張れ！　ゴールは近い。
突然、ドシーン！という音がした。

37
カギカッコでくくった文章には、句点「。」を打たない

カギカッコを使った文章の場合、句点をどう打つべきか。

✕ 悪い例

①「今日は雨が降った」。
「今日は雨が降った。」

②「今日は雨が降りましたね。」と花子が言った

③花子は言った。「今日は雨が降りそうね」

④「今日は雨が降りそうね」花子は言った。

⑤「今日は雨が降った」。「明日も雨か」

○ よい例

①「今日は雨が降った」

②「今日は雨が降りましたね」と花子が言った。

③花子は言った。「今日は雨が降りそうね」。

④「今日は雨が降りそうね」。花子は言った。

⑤「今日は雨が降った」「明日も雨か」

改善ポイント

（**1**）1段落の文章が、カギカッコで始まり、カギカッコで終わるときには、閉じカッコの前にも後にも句点を打たない(よい例①)。
▶カギカッコがあることで、1文の終わりがわかるから。

（**2**）カギカッコの後に、その文がまだ続く場合は、句点を打たない(よい例②)。
▶1文が終わっていないから。

（**3**）カギカッコの前に1文があって、カギカッコでくくった文が続くときは、閉じカッコの後に句点を打つ(よい例③)。
▶カギカッコでくくった文も1文であることをハッキリさせるため。

（**4**）カギカッコの後に、新しい1文を続ける場合は、閉じカッコの後に句点を打つ(よい例④)。
▶カギカッコの文とは、違う1文が続くから。

（**5**）カギカッコの後に、カギカッコの文が続くときは、その間に句点を打たない(よい例⑤)。
▶くどくなる。
▶見た目にも、文字と文字の間が空きすぎてしまう。

〈注〉以前は、閉じカッコの前にも句点を打つことがあった。

〈例〉「今日は雨が降りましたね。」と花子が言った。

しかし、閉じカッコ自体が文の終わりを表すため、今では句点を打たない方向に変化している。

38
読点「、」は、文を読みやすくし、誤解を招かないようにするために打つ

読点は、どのようなところに打つのか。

× 悪い例

①彼女は毎朝６時に起きて散歩する。
②ところが彼は帰ってこなかった。
③兄は北海道に転勤となり姉は九州に嫁いだ。
④急に雨が降ってきたのでずぶぬれになってしまった。
⑤ザブーンザブーンと波の音が聞こえた。
⑥うーん困ったな。
⑦あっ地震だ。
⑧姉よりかなり背が高い私
⑨現在在職している会社

○ よい例

①彼女は、毎朝６時に起きて散歩する。
②ところが、彼は帰ってこなかった。
③兄は北海道に転勤となり、姉は九州に嫁いだ。
④急に雨が降ってきたので、ずぶぬれになってしまった。
⑤ザブーン、ザブーンと、波の音が聞こえた。
⑥うーん、困ったな。
⑦あっ、地震だ。
⑧姉より、かなり背が高い私
⑨現在、在職している会社

改善ポイント

（**1**）読点は、文を読みやすくし、誤解を招かないようにするために打つ。

（**2**）読点を打つべきかどうか迷ったときには、声に出して読み、①読点を打てば、読みやすくなるかどうか、②読点を打てば、誤解を招かなくなるかどうかを確かめる。以下に、読点を打つ位置の原則を示す。

（**3**）主語の後に打つ（よい例①）。

（**4**）接続詞の後に打つ（よい例②）。

（**5**）2つの対になる文をつなぐときに打つ（よい例③）。
〈注〉この場合、原則として主語には打たない。読点を打たなくても、読めるから。

（**6**）理由、条件や限定などを表す語句の後に打つ（よい例④）。

（**7**）切れ目を示す部分に打つ（よい例⑤）。

（**8**）応答の句の後に打つ（よい例⑥）。

（**9**）感動詞や呼びかけの句の後に打つ（よい例⑦）。

（**10**）かな同士がつながっていて、読みにくいときに打つ（よい例⑧）。

（**11**）意味が異なる漢字が続く場合に打つ（よい例⑨）。

〈注1〉語句を体言止めで列挙するときは、中黒「・」を入れる。
〈例〉日本・アメリカ・中国
もし、読点を使って列挙する場合は、「日本、アメリカと中国」とする。

〈注2〉句読点の打ち方には個人差もあり、これが絶対といえるものはない。ここで述べたのは、筆者がよいと考える原則である。

39
読点「、」は、文の意味をハッキリさせるために打つ

意味が何通りにも理解されかねない文では、読点をどう打てばよいか。

× 悪い例

①彼女は楽しそうに野球をしている彼を見ていた。

②ノーベル文学賞を受賞した大江健三郎と三島由紀夫は～。

③巨人軍で監督になった川上氏と長嶋氏と原氏は～。

○ よい例

①－1：彼女は、楽しそうに野球をしている彼を見ていた。

2：彼女は楽しそうに、野球をしている彼を見ていた。

3：彼女は、野球をしている彼を楽しそうに見ていた。

②ノーベル文学賞を受賞した大江健三郎と、三島由紀夫は～。

③巨人軍で監督になった、川上氏と長嶋氏と原氏は～。

○× 改善ポイント

（**1**）語句の係る先を誤解させないために、読点を打つ。

▶悪い例①では、「楽しそう」なのが、「彼を見ている彼女」なのか、「野球をしている彼」なのかが、わかりにくい。

▶悪い例②では、「ノーベル文学賞を受賞した」のが、「大江健三郎だけ」か、「大江健三郎と三島由紀夫の２人」なのかが、ハッキリしない。

（**2**）並列した語句のすべてを、同じように修飾するときに打つ。

▶悪い例③では、「巨人軍で監督になった」のが、「川上氏、長嶋氏、原氏のいずれか」が、ハッキリしない。

40 述語である漢字の語句2語が連続している場合は、主語の後には読点「、」を打たない

主語の後には、原則として読点を打つべきだが、例外はないか。

✕ 悪い例

内容は、一般的、抽象的である。

○ よい例

内容は一般的、抽象的である。

改善ポイント

（1）述語に漢字が連続している場合は、主語の後には読点「、」を打たない。

▶読点が多くなり、文章がばらけた感じになる。

▶新聞や雑誌なども、この方法によっている。

〈注〉主語の後に読点を打つのなら、次のように述語の部分を変える。
「内容は、一般的かつ抽象的である」

41 番号が付いたり、「　」が続く文章の場合は、中間に読点「、」を打たない

文中にナンバーや「　」が続く場合、読点を打つべきか。

✕ 悪い例

①品質のよい自然食品は、(1)満点黒あめ、(2)シャープ3兄弟、(3)元気モッチー、(4)合格の水、(5)がんばる野菜便などである。

②品質のよい自然食品は、「満点黒あめ」、「シャープ3兄弟」、「元気モッチー」、「合格の水」、「がんばる野菜便」などである。

○ よい例

①品質のよい自然食品は、(1)満点黒あめ(2)シャープ3兄弟(3)元気モッチー(4)合格の水(5)がんばる野菜便などである。

②品質のよい自然食品は、「満点黒あめ」「シャープ3兄弟」「元気モッチー」「合格の水」「がんばる野菜便」などである。

改善ポイント

(1) 番号や「　」が続く場合、中間に読点「、」は打たない。
- 打つと、わずらわしい。読みにくい。
- 打たなくとも、誤解することはまったくない。

42 句点は、行頭に打たない

マス目の原稿用紙に文章を書いていて、句点が文の行頭にきてしまいそうになった。どうすべきか。

例

①

	マ	ス	目	の	原	稿	用	紙	に	文	章	を	書	い	て	い	て	、	
句	点	が	文	の	行	頭	に	き	て	し	ま	い	そ	う	に	な	っ	た	。

②

	マ	ス	目	の	原	稿	用	紙	に	文	章	を	書	い	て	い	て	、
句	点	が	文	の	行	頭	に	き	て	し	ま	い	そ	う	に	な	っ	た。

③

	マ	ス	目	の	原	稿	用	紙	に	文	章	を	書	い	て	い	て	、
句	点	が	行	頭	に	き	て	し	ま	い	そ	う	に	な	っ	た	。	

改善ポイント

（**1**）句点は、行頭に打たない。

▶行頭に句点を打つのは、理論的には正しい。しかし、見苦しいので、実際には打たない。

（**2**）行頭に句点がきた場合は、次のように処理するとよい。

①行末の欄外に打つ（例①）

②最後の文字のマスにいっしょに入れる（例②）

③文章を調節して、行頭を避ける（例③）

〈注〉パソコンの場合、行頭に句点がこないように設定する。

43 読点は、行頭に打たない

原稿用紙に文章を書いていて、読点が行頭にきてしまう場合に、どうしたらよいか。

例

①

	読	点	が	行	頭	に	く	る	場	合	に	は	、	次	
の	よ	う	に	処	理	す	る	と	よ	い	。	第	一	に	
読	点	を	省	略	す	る	方	法	で	あ	る	。			

②

	読	点	が	行	頭	に	く	る	場	合	に	は	、	次	
の	よ	う	に	処	理	す	る	と	よ	い	。	第	一	に	、
読	点	を	省	略	す	る	方	法	で	あ	る	。			

③

	読	点	が	行	頭	に	く	る	場	合	に	は	、	次
の	よ	う	に	処	理	す	る	と	よ	い	。	第	一	に、
読	点	を	省	略	す	る	方	法	で	あ	る	。		

④

	読	点	が	行	頭	に	く	る	場	合	に	は	、	次
の	よ	う	に	処	理	す	る	。	第	一	に	、	読	点
を	省	略	す	る	方	法	で	あ	る	。				

⑤

	読	点	が	行	頭	に	く	る	場	合	に	は	、	次
の	よ	う	に	処	理	す	る	と	よ	い	。			
	第	一	に	、	読	点	を	省	略	す	る	方	法	で
あ	る	。												

改善ポイント

（**1**）読点は、行頭に打たない。

▶行頭に読点を打つのは、理論的には正しい。しかし、見苦しいので、実際には打たない。

（**2**）行頭に読点がきた場合は、次のように処理するとよい。

①省略する（例①）。
②行末の欄外に打つ（例②）。
③最後の文字のマスにいっしょに入れる（例③）。
④文章を調節して、行頭を避ける（例④）。
⑤改行する（例⑤）。

〈注〉パソコンの場合、行頭に読点がこないように設定する。

44 内容の違う話は、改行して書く

改行は、どんな場合にするのか。

× 悪い例

ビジネスは、段取りと説得の連続である。若手のうちは、どちらかといえば、段取りをよくすることが重視されていた。しかし、課長や係長ともなると、段取りのよいことは当たり前、説得力の有無が「できる、できない」の分かれ目となる。ところが、具体的な説得術を、一般のビジネスパーソン向けにまとめた本は意外に少ない。そこに、本書を発刊する意味があるのだ。

○ よい例

ビジネスは、段取りと説得の連続である。

若手のうちは、どちらかといえば、段取りをよくすることが重視されていた。しかし、課長や係長ともなると、段取りのよいことは当たり前、説得力の有無が「できる、できない」の分かれ目となる。

ところが、具体的な説得術を、一般のビジネスパーソン向けにまとめた本は意外に少ない。そこに、本書を発刊する意味があるのだ。

改善ポイント

（**1**）【改行の第１原則】内容の違う話は、改行する。
▶文章全体が視覚的になる。理解しやすい。
〈注〉たとえ１行でも、前の文と内容が違うときは改行する。

（**2**）【改行の第２原則】同じ内容であっても、文章が長く続く場合には、５行目か６行目あたりの区切りのよいところで改行する。
▶読みやすくなる。
〈注〉改行で始めるときは、文頭を１字分下げる。

1つの解釈しか、できない文にする

2つ以上の解釈が可能な文を、そのままにしておいてよいか。

✕ 悪い例

あれこれと指示をして誤解されないようにする。

○ よい例

①誤解されないように、あれこれと指示をする。

②あれこれと指示をしたことで、誤解されないようにする。

③指示したことによって、あれこれと誤解されないようにする。

改善ポイント

(**1**) 読み手にとって、1つの解釈しかできない文にする。

- 伝えたいことが正確に伝わらなければ、意味がない。
- 悪い例の「あれこれと」が「指示」に係るか「誤解」に係るかハッキリしない。

(**2**) 2つ以上の意味にとられてしまう場合は、言葉を補ったり、2つの文にしたりする。

- あいまいさをなくす。

46 文意を誤解されそうなときは、言い換える

表現自体は間違いではないが、読み方によって誤解される可能性がある場合は、どうしたらよいか。

✕ 悪い例

高感度のテープレコーダーを使い、広い会議室でも皆の声がよく録音できる。

○ よい例

①高感度のテープレコーダーを使っているので、広い会議室でも皆の声がよく録音できる。

②高感度のテープレコーダーを使えば、広い会議室でも皆の声がよく録音できる。

③高感度のテープレコーダーを使うと、広い会議室でも皆の声がよく録音できる。

改善ポイント

（1）読み手に誤解されそうなときは、語句を補うなどして、文意をハッキリさせる。

▶書き手の意思が伝わらない文は、意味がない。

（2）悪い例のように動詞の連用形や「が」などの助詞を使って、節と節を接続することを「中止法」という。「中止法」では、節と節の関係が不明確になることもあるので、そのときは語句を補って、誤解されないようにする。

〈注〉前後の文脈に誤解の余地がない場合は、補う必要はない。

ある事柄の要件や特徴などは、いつも同じ書き方で説明する

ある事柄の要件を、いくつかの文に分けて説明する場合の注意点は何か。

× 悪い例

第一に、～。
第二は、～。
第三としては、～。

○ よい例

第一に、～。
第二に、～。
第三に、～。

改善ポイント

（**1**）ある事柄の要件、特徴や長所、短所などを説明する文章を書く場合、書き方を統一する。

- 文章全体が、読みやすくなる。
- 読み手を安心させ、落ち着いた気持ちにさせる。

〈注〉前に書いたパターンを、後になって忘れないようにする。悪い例を見ると、「こんなバカな書き方をする人はいない」と思うかもしれない。しかし、現実には大変、多い。特に、1つの項目の文章が長い場合に、書き方が不統一になりやすい。

48 単位や範囲を、統一して使う

物事を併記する場合、一貫性があるように書くにはどうしたらよいか。

× 悪い例

ニューヨークと東京都は、世界を代表する都市である。

○ よい例

①ニューヨークと東京は、世界を代表する都市である。

②ニューヨーク市と東京都は、世界を代表する都市である。

改善ポイント

（**1**）常に、「一貫性」を意識して文章を書く。

▶「一貫性」があると、シャープな人間と思われる。「一貫性」がないと、甘いと思われてしまう。

（**2**）物事を併記する場合に、場所名、個数や人数の単位などを統一して使う。

▶読み手の信頼を失わないため。

49

種類や要件などを列挙するときは、箇条書きがよい

種類や要件などを列挙するときは、どのようにするか。

改善ポイント

(1) 種類・要件・特色・長所・短所・例などを列挙するときは、箇条書きにする。
▶文が短く区切られるので、読み手が内容を理解しやすくなる。

(2) 箇条書きをしたものには、必ず番号を付ける。
▶番号ではなく、■、●、※やA、B、C、ア、イ、ウなどを付けたのでは、会議などで説明する場合に、その項目を特定するのが難しい。いくつの項目が列挙されているかが、わかりにくい。

(3) 箇条書きした文の終わりにも、句点を忘れない。
▶箇条書きであっても、1つの文だから。
〈注〉句点を付けなくてよいのは、
①単語や句を列挙する場合
②デザインが重視される記事の場合
などに限られる。

(4) 別の内容のものは、別の箇条書きにする。
〈例〉1．サマータイムの長所
①退社後の時間が、有効に使える。
②～。
2．サマータイムの短所
①生活のリズムが崩れる。
②～。

(5)「左右」「上下」「縦横」「東西南北」など、順番や位置などに関する言葉を列挙する場合は、一般的にいわれている順序で使う。

50 肯定文と否定文を、混在させない

文には、大きく分けて肯定文と否定文とがある。肯定文と否定文の配置のしかたは。

✕ 悪い例

Wセミナーでは、講義をスムーズに進めるために、講義中は絶対に質問を受け付けない（否定文）。ただし、講義終了後は、快く質問を受け付ける（肯定文）。講師は、事前に「講義中は、質問を受け付けません（否定文）」と言っておく。

○ よい例

Wセミナーでは、講義をスムーズに進めるために、講義中は絶対に質問を受け付けない（否定文）。講師は、事前に「講義中は、質問を受け付けません（否定文）」と言っておく。ただし、講義終了後は、快く質問を受け付ける（肯定文）。

○✕ 改善ポイント

（**1**）肯定文と否定文が混在した文章を書かない。

〈例〉肯定文＋否定文＋肯定文＋否定文のようにしない。

（**2**）肯定文は肯定文、否定文は否定文でまとめる。

〈例〉肯定文＋肯定文＋否定文＋否定文
否定文＋否定文＋肯定文＋肯定文 ］とする。

▶読み手を混乱させないため。

〈注1〉このことは、頭でわかっていても、文章を書くときについ忘れがちなので注意する。

〈注2〉上記の例では、「受け付けない」という「否定の意味」がポイントのため、否定文を前に置いている。

51 肯定部分を先に、否定部分を後に書く

肯定部分と否定部分を前後して書く場合に、どちらを先に書くべきか。

× 悪い例

①彼女は高校生ではなく、大学生である。

②彼には多少、難しいと思える仕事でも、思い切って与えるべきだ。彼は、ビジネスのイロハがまったくわからない新入社員ではないからだ。入社５年目の伸び盛りの社員なのだ。

○ よい例

①彼女は、大学生である。高校生ではない。

②－１：彼には多少、難しいと思える仕事でも、思い切って与えるべきだ。彼は、入社５年目の伸び盛りの社員だからだ。ビジネスのイロハがまったくわからない新入社員ではないのだ。

２：彼は入社５年目の伸び盛りの社員だから、多少、難しいと思える仕事でも、思い切って与えるべきだ。もう、ビジネスのイロハがまったくわからない新入社員ではないのだから。

改善ポイント

（**1**）原則として、肯定部分を先に、否定部分を後に書く。

- 言いたいこと（結論）が先にあったほうが、読み手が内容を理解しやすい。
- もし、読み手が「彼女は高校生ではなく」と読んだところで急死してしまったら、ほんとうに言いたい内容（「彼女は大学生である」）が伝えられない。
- 肯定部分は、通常、否定部分よりも重要である。
- 否定部分から先に書くと、文全体が暗くなることが多い。

〈注1〉もちろん、文脈によっては、否定部分から書くこともある。一般的に、肯定部分を先に書くようにするということである。

〈注2〉悪い例①は、短文なので認められることもある。ただし、このクセをつけてしまうと、長文のときに、わかりにくい文章になってしまう。

事実を、具体的に書く

「文章に迫力がない」とよく言われるが、どうすればよいか。

× 悪い例

①彼は、首を長くして待っている。

②彼女は、給料の高いキャリア・ウーマンである。

③大学生の就職率は、厳しい。

○ よい例

①彼は、２週間も待っている。

②彼女は、年収が1,000万円を超えるキャリア・ウーマンである。

③大学生の就職率は、70%にすぎない。

改善ポイント

（**1**）抽象的な表現をしない。
- 文章に迫力がなくなる。
- 内容がわかりにくくなる。

（**2**）具体的に書く。
- 文章に迫力や説得力が出てくる。

〈注〉ただし、あくまでも、あるがままの事柄を書くこと。文章に飾りや嘘があると、読み手をだますことになる。

53
日時は、原則として具体的に書く

文章の中で日時を書くとき、どうしたらよいか。

× 悪い例	○ よい例
① きょう	① 6月20日
② あす	② 6月21日
③ 来月	③ 7月
④ 先月	④ 5月
⑤ 今週	⑤ 5日から11日まで
⑥ 来週	⑥ 12日から18日まで
⑦ 今年度	⑦ ×××4年度
⑧ 来年度	⑧ ×××5年度

改善ポイント

(**1**) 年、月や日などは、具体的に書く。

▶内容が理解しやすくなる。

〈注1〉書く内容が古くなっている場合は、「このほど」を使う（第Ⅳ章35項参照）。

〈注2〉きょう、6月20日、
きょう（6月20日）、
あす、6月21日、
あす（6月21日）、
という書き方もある。

54 定義は、50字前後で書く

定義の文章を書く場合、長さはどのくらいにしたらよいか。

✕ 悪い例

商品とは、ユーザーがお金を支払って手に入れる有形のもの（自動車・スーツ・ケーキ・薬など）やサービス（コンサルタント・講義・医療・ダンス指導など）のことである。

○ よい例

商品とは、ユーザーが購入する有形のものやサービスである。

有形のものには、自動車・スーツ・ケーキ・薬などがある。サービスには、コンサルタント・講義・医療・ダンス指導などがある。

改善ポイント

（1）物事の定義を書く場合、行数は2行か3行以内、字数は50字前後にする。

▶定義が長いと、読み手が理解しにくくなる。

55 定義の文章の形を、整える

定義の文章は、どのような形で書けばよいか。

× 悪い例

資本不変の法則とは、一度、確定した資本額を会社の任意で自由に減少させてはならないことを要求する原則を定めている。

○ よい例

①資本不変の法則とは、一度、確定した資本額を会社の任意で自由に減少させてはならないことを要求する原則のことである。

②資本不変の法則とは、一度、確定した資本額を会社の任意で自由に減少させてはならないことを要求する原則である。

③資本不変の法則とは、一度、確定した資本額を会社の任意で自由に減少させてはならないことを要求する原則をいう。

改善ポイント

(**1**) 定義の文章の形を整える。①「Aとは、Bのことである」、②「Aとは、Bである」、③「Aとは、Bをいう」のどれかに統一する。

▶わかりやすく、読んでいて安心感がある。

▶格調が高くなる。

〈注1〉できれば、①の「Aとは、Bのことである」とする。いちばんすわりがよいから。

〈注2〉上記の例を、「一度、確定した資本額を会社の任意で自由に減少させてはならないことを要求する原則を、資本不変の法則という。」と書いても間違いではない。ただ、頭でっかちで意味の取りにくい文章である。

(**2**) 悪い例のように、「Aとは、Bを定めている」では対応がおかしく、わかりづらい。

56

定義の文章は、まず抽象的な事柄を書き、次に具体的な事柄を書く

物事の定義を示す文章は、どのように書けばよいか。

× 悪い例

①－１：Aとは、CとDなどがいて、Bである。
２：人間には、男と女とがいて、万物の霊長である。

②人間は、日本語、英語やドイツ語などの言語を話す動物である。

○ よい例

①－１：Aとは、Bである。例えば、CとDがいる。
２：人間は、万物の霊長である。人間には、男と女とがいる。

②人間は、言語を話す動物である。言語には、日本語、英語やドイツ語などがある。

改善ポイント

（**1**）定義の文章は、抽象的なものから、具体的なものへと書く。
- 文章の流れがスムーズになる。
- 読み手に内容がよく伝わる。

（**2**）長文の場合に、このルールが特に有効になる。

〈注〉各種の論文の中にも、「具体的な事柄」から「抽象的な事柄」へと論述しているものがある。多くは、わかりにくい内容になっている。

57 引用文には、カギカッコを付ける

引用文を書くときに、注意しなければならないことは何か。

例

　毎年、あさがおを見ると思い出す文章がある。それは、志賀直哉の次の一節である。

「毎朝、起きると、出窓に胡坐をかいて、烟草をのみながら、景色を眺める。そして又、直ぐ眼の前の四つ目垣に咲いた朝顔を見る。」（志賀直哉「朝顔」）

　なんともゆったりとした夏の朝ではないか。

改善ポイント

（**1**）引用文は、カギカッコでくくって、原文のまま書く。
▶引用文であることが、読者に一目でわかる。
〈注〉引用文の場合は、「朝顔を見る」の後の「。」も、原文のとおりに入れておく。

（**2**）カギカッコでくくった引用文中で、さらにカギカッコを使う場合には、二重カギカッコ『　　』を用いる。

（**3**）引用文の表記のしかたとしては、カギカッコでくくる以外に、引用文の前後を１行ずつ空け、文の頭の位置を下げる方法もある。

〈例〉

> 毎年、あさがおを見ると思い出す文章がある。それは、志賀直哉の次の一節である。
>
> 1行アキ
>
> 毎朝、起きると、出窓に胡坐をかいて、烟草をのみながら、景色を眺める。そして又、直ぐ眼の前の四つ目垣に咲いた朝顔を見る。(志賀直哉「朝顔」)
>
> 1行アキ
>
> なんともゆったりとした夏の朝ではないか。

(**4**) 引用文の近くに、出典(書名、著者名や出版社名など)を明記する。

▶読み手に、出典を知らせる。

▶著作権法上の問題を起こさないため。

〈注〉引用する場合に、著者と出版社の許可が必要なことがある。

(**5**) 引用は、必要最小限にとどめる。

▶あくまでも自分の文章が「主」で、他からの引用が「従」でなければならない。

(**6**) 歌詞を転載する場合は、日本音楽著作権協会(JASRAC)の許諾と使用料が必要になる。

58
“　”（クォーテーションマーク）は、引用文には使わない

“　”を、引用文に使ってよいか。

✕ 悪い例

A教授は、“講義に命をかける”と言った。

○ よい例

A教授は、「講義に命をかける」と言った。

改善ポイント

（**1**）他人の文章や発言を自分の文章に引用する場合には、“　”は使わない。カギカッコを使う。

▶“　”では、引用か、本文の一部かの区別がつかない。

（**2**）“　”は、次のような場合に使う。

①造語やニックネームの表記

〈例〉期限・即行・連絡の“期・即・連”を大切にしたい。

②「いわゆる○○」という場合の、○○に当たる部分の表記

〈例〉臨時収入は、主婦にとって“サンタの贈り物”のようなものである。

③語句を強調するとき

〈例〉ホスピスとは、単に死を待つところではなく、“最後の生を生きる”ところである。

〈注〉このように語句の特徴づけをする場合は、“　”を使うべきだが、視覚的には「　」のほうがよい場合がある。

59 「例え話」を入れると、わかりやすくなる

難しい内容の文章をわかりやすくするテクニックには、どんなものがあるか。

✕ 悪い例

英語習得学とは、1つ1つを確実に押さえていかなければ結論が出ない論理性の高いものではない。全体としてとらえて、結論が出るものである。

○ よい例

英語習得学とは、法律や数学のように、1つ1つを確実に押さえていかなければ結論が出ない論理性の高いものではない。

全体としてとらえて、結論が出るものである。例えば、歌を覚えるようなもので、メロディー、リズムや歌詞など、全体像をつかんでから、繰り返し練習してうまくなっていくのである。

改善ポイント

（**1**）内容にピッタリ当てはまる「例え話(ひゆ)」を入れる。

▶抽象的な文章が、具体的になる。

〈注1〉読者が具体的にイメージしにくい例えでは、かえってわかりにくくなるので注意する。

〈注2〉エッセイや小説などでは、例え話から入ってもよい。

60

「故事」や「ことわざ」で、わかりやすく表現する

ある一文を書いてみたが、どうもピリッとした表現ができない。どんな工夫のしかたがあるか。

✕ 悪い例

彼は、大企業の歯車の1つに収まってしまうには、もったいないほど個性的な人材だ。大企業の中で、多くの上司の下で窮屈に働くよりも、たとえ小さな企業であっても、自分の会社のトップとして、自在に才能を発揮するのがふさわしいと思う。まさに、仕えるよりも、仕えられるタイプの人材なのだ。

○ よい例

彼は、大企業の歯車の1つに収まってしまうには、もったいないほど個性的な人材だ。「鶏口となるも牛後となるなかれ」とは、まさに彼にふさわしい言葉である。仕えるよりも、仕えられるタイプの人材なのだ。

改善ポイント

(**1**) 文章に、「故事」や「ことわざ」を入れてみる。

▶抽象的な文章が、具体的になる。

(**2**)「故事」や「ことわざ」は、100ぐらい知っておく。

(**3**)「故事」や「ことわざ」の意味を、正確に使う。

〈注〉ただし、使いすぎないこと。そらぞらしくなってしまうから。

61 「会話文」を使うと、わかりやすくなる

わかりやすく表現するためには、どんな工夫があるか。

✕ 悪い例

1年に3％程度のコストダウンならば、各部署の努力によって実現できるかもしれないが、今回のように20％の経費削減をせよという社長の指示は、何とも無茶なものではないだろうか。

○ よい例

1年に3％程度のコストダウンならば、各部署の努力によって実現できるかもしれない。しかし、「20％の経費削減をせよ」という今回の社長の指示は、何とも無茶なものではないだろうか。

改善ポイント

（**1**）文章の中に、「会話文」を入れる。

- 臨場感のある文章になる。
- 文章に親しみがわく。
- 読みやすくなる。

〈注〉ただし、「会話文」を使いすぎると、間延びしたイメージになるので注意する。

62 時には、「独自の言い回し」を工夫する

ありきたりの表現になってしまったとき、どうしたらよいか。

✕ 悪い例

経営には、Plan・Do・Checkが大切だ。

○ よい例

経営には、「期・即・連」が大切だ。

期とは「期限を守ること」、即とは「即行すること」、連とは「連絡すること」である。

改善ポイント

（**1**）気のきいた文章にするには、時には「独自の言い回し」を工夫してみる。

▶使い古された言い回しばかりでは、平板な文章になってしまう。

（**2**）独自の言い回しといっても、読み手にピンとくる表現でなければならない。

〈注〉使いすぎると、ぎくしゃくしてしまうので注意する。

63

「訓読みの表現」を、なるべく使う

「硬い文章だね」とよく言われるが、どうしたらよいか。

× 悪い例

①組合と会社との団体交渉に関する経過を説明した。

②夜の冷たい空気に接する。

③優しい人に接する。

④夜を徹して交渉した。

⑤最終結果が出るまでには、日時を要する。

○ よい例

①組合と会社との団体交渉についての経過を説明した。

②夜の冷たい空気に触れる。

③優しい人に会う。

④夜通し交渉した。

⑤最終結果が出るまでには、日時がかかる。

改善ポイント

(**1**)「音読みの表現」の代わりに、なるべく「訓読みの表現」を使う。

▶文章が柔らかくなり、読みやすくなる。

▶内容もわかりやすくなる。

〈注1〉音読みの表現は、使い古された、陳腐な感じがする。

〈注2〉ただし、文章を提出する相手が、昭和ヒトケタ世代以前の人であれば、「音読み表現」を多めに使ってもよい。

64 熟語動詞を、和語の動詞に置き換える

熟語が多くて硬い文章を、わかりやすくするには、どうしたらよいか。

熟語動詞の例

❶ 援助する
❷ 延長する
❸ 会見する
❹ 開催する
❺ 開始する
❻ 完了する
❼ 軽減する
❽ 激励する
❾ 決定する
❿ 行使する
⓫ 交付する
⓬ 雇用する
⓭ 削減する
⓮ 樹立する
⓯ 上昇する
⓰ 除外する
⓱ 遅延する
⓲ 低下する
⓳ 締結する
⓴ 提示する
㉑ 到着する
㉒ 分割する

和語の動詞の例

❶ 助ける
❷ 延ばす
❸ 会う
❹ 開く
❺ 始める
❻ 終わる
❼ 軽くする
❽ 励ます
❾ 決める
❿ 行う
⓫ 渡す
⓬ 雇う
⓭ 削る
⓮ 立てる
⓯ 上がる
⓰ 除く
⓱ 遅れる
⓲ 下がる
⓳ 結ぶ
⓴ 示す
㉑ 着く
㉒ 分ける

○× 改善ポイント

（1）硬い文章を直す場合に、熟語動詞を和語の動詞に置き換えてみる。
▶ わかりやすく、読みやすい文章になる。

第 III 章

《成川式》
文章上達「べからず」集

1 話し言葉を、使わない

「あなたの文章には、話し言葉がたくさん出てくる」と注意されたが、どうしたらよいか。

✕ 悪い例

①こっちから何か質問すべきだった。
②会社を設立したりする方法は、いろいろある。
③私は、やましいことは決してしてません。
④彼は、ちょくちょく遊びに来るようになった。
⑤正月ぐらい、ゆっくり休みたいもんだ。
⑥夏は、やっぱり暑いほうがよい。

○ よい例

①こちらから何か質問すべきだった。
②会社を設立する方法は、いろいろある。
③私は、やましいことは決してしていません。
④彼は、しばしば（たびたび）遊びに来るようになった。
⑤正月ぐらい、ゆっくり休みたい。
⑥夏は、やはり暑いほうがよい。

改善ポイント

（1）話をするように文章を書くことは大切。しかし、話し言葉をそのまま文章にすると、書き言葉としては稚拙な表現になる場合がある。文章を書くときは、よく考えて言葉を選ぶ。
▶読み手に、不快感を与えないために。

（2）話し言葉は、正しい書き言葉に直す。
▶話し言葉では、文章が間延びしてしまう。

2 直訳調の表現は、できるだけ使わない

直訳調の表現を使ってもよいか。

✕ 悪い例

①彼女のわがまま以外の何物でもない。

②今晩6時に、組合の会合を持つ。

③〜するであろうところの〜。

○ よい例

①完全に、彼女のわがままである。

②今晩6時に、組合の会合がある。
　　　　　　　　　　　会合をひらく。

③〜するらしい〜。
　〜するであろう〜。

改善ポイント

（1）直訳調とは、元の外国語の言い回しどおりに日本語に置き換えたもの。

（2）直訳調は、なるべく同じ意味のわかりやすい日本語に置き換える。

▶意味が取りにくいから。
▶そのままでは、ぎこちない文章になるから。

3 決まり文句を、使いすぎない

文章の中に、決まり文句をしきりに使う人がいるが、よいか。

× 悪い例

①彼の結婚式は、古式ゆかしく神前でとり行われた。

②観光客が、どっと押し寄せた。

③昨日の事件によって、彼の性格の悪さを垣間みることができた。

○ よい例

①彼の結婚式は、神前で厳かにとり行われた。

②大勢の観光客が、訪れた。

③昨日の事件によって、彼の性格が悪いことがわかった。

○× 改善ポイント

(**1**) 決まり文句は、わかりやすい言葉に書き直す。

▶決まり文句ばかりでは、新鮮さがない。

▶文章の内容が、印象に残らない。

〈注1〉特に、何も書くことがないときに、「さわやか」「合理的」「古式ゆかしく」などの決まり文句を使ってしまう傾向がある。

〈注2〉よく使われる決まり文句には、次のようなものがある。

悪い例	**よい例**
❶一見○○風の	❶○○のように見える
❷芋を洗うような混雑	❷大変な混雑
❸うれしい悲鳴をあげた	❸非常に喜んだ
❹垣間みる	❹わかる
❺ガックリ肩を落とした	❺大変、残念そうだった
❻一面の銀世界	❻一面、雪で真っ白である
❼首を長くして待つ	❼期待して待つ
❽古式ゆかしく	❽厳かに
❾去る5日のこと	❾(具体的に)6月5日のこと
❿さわやか	❿気持ちが晴れやかである／自然である
⓫長蛇の列	⓫非常に長い列
⓬手垢のついた	⓬使い古された
⓭どっと押し寄せた	⓭大勢の人が来た
⓮成りゆきが注目される	⓮結果が注目される
⓯苦虫をかみつぶしたような表情	⓯非常に不愉快そうな表情
⓰吐き捨てるように言った	⓰(嫌そうに・怒ったように)強い調子で言った
⓱複雑な表情	⓱(思い悩んでいる・困った)表情
⓲朝食をペロリと平らげる	⓲朝食を残さず食べる
⓳長足の進歩を見せた	⓳大幅な進歩を見せた
⓴ポロポロ涙を流す	⓴(思わず・大粒の)涙を流す
㉑幕が切って落とされた	㉑始まった
㉒目を細める	㉒「ニッコリ」と嬉しそうな表情をする

〈注〉⓰吐き捨てるように言った、⓱複雑な表情、⓴ポロポロ涙を流す、などは、状況によって意味が大きく変わってくるはず。状況によって異なる微妙なニュアンスを、決まり切った表現で、あいまいにしてしまわないことが大切である。

4 回りくどい表現を、しない

遠回しな文章が、上品な気がするが、どうだろうか。

× 悪い例

①そうしなければならないわけでもない。

②生産性が低いともいえるかもしれない。しかし、場合によっては、いちがいにそうともいえない。

③違法性を阻却する事由

○ よい例

①そうしなくてもよい。

②生産性が低い場合もある。

③合法である理由

改善ポイント

(**1**) 回りくどい表現を、しない。
- 文の意味が相手に、伝わらない場合が多い。
- 書く時間・エネルギー・スペースがムダになる。

(**2**) ズバリ、単刀直入に書く。
- 読み手の時間・エネルギーなどが省ける。

〈注〉悪い例の③は、法律の専門分野でなら、許される。

5 漢語調の表現は、できるだけ使わない

漢語調の表現を多く使えば、格調が高い文章になると思っている人がいるが、どうか。

✕ 悪い例	○ よい例
①換言すれば	①言い換えれば
②若干の点で	②いくつかの点で
③逐一	③ひとつひとつ
④同一の	④同じ

改善ポイント

（**1**）漢語とは、漢字で組み立てて音(おん)で読む語のこと。

（**2**）漢語調の表現はできるだけ使わず、わかりやすい言葉や表現に書き直す。

▶「硬い」「難しい」といった印象を、読み手に与えないために。

〈注〉社内試験や資格試験などでは、漢語調を使ってもよい。

6
文語調の表現は、できるだけ使わない

文語調の表現を多く使うことが、ていねいな文章だと思っている人がいるが、どうか。

× 悪い例

①新たに
②畢竟
③理由のいかんを問わず
④意見の一致をみた
⑤いわざるを得ない
⑥彼ごときに負けない
⑦こよなく愛する
⑧深刻化する
⑨辛酸をなめた
⑩業務に支障を来す
⑪行動すべし
⑫委託者たる株主
⑬優勝を遂げた
⑭東京から北海道にいたる～
⑮庭にて遊ぶ
⑯彼女のみがもてる
⑰やむなし
⑱彼が日本の政界のドンといわれるゆえんである
⑲大雨により中止

○ よい例

①新しく
②とりわけ
③理由がどうあろうと
④意見が一致した
⑤いわなければならない
⑥彼(のような男)に負けない
⑦大変愛する
⑧深まる
⑨数々の苦労を経験した
⑩業務のじゃまになる
⑪行動しなければならない
⑫委託者である株主
⑬優勝した
⑭東京から北海道までの～
⑮庭で遊ぶ
⑯彼女だけがもてる
⑰しかたがない
⑱彼が日本の政界のドンといわれる理由である
⑲大雨によって中止

改善ポイント

(**1**) 文語とは、平安時代語を基礎として発達した文体のことで、話し言葉を基準にした現代の口語文に対するものである。

(**2**) 文語調の表現は、わかりやすい言葉や表現に書き直す。

▶文語調で書いても、若い読み手には理解されにくい。

▶読みやすく、親しみやすい文章になる。

7
お役所言葉は、使わない

お役所言葉を多く使うことが、優れた文章だと思っている人がいるが、よいか。

✕ 悪い例	○ よい例
①可及的速やかに対処します。	①できるだけ早く対処します。
②参考人に事情聴取した。	②参考人に事情を聴いた。
③所定の手続きを取った。	③決められた手続きを取った。
④思料する	④考える
⑤数次にわたり、交渉を行った。	⑤数回、交渉を行った。
⑥善処する	⑥うまく処理する
⑦当該計画は、～。	⑦その計画は、～。
⑧抜本的な解決	⑧根本からの解決
⑨文書を手交した。	⑨文書を手渡した。

○✕ 改善ポイント

（**1**）お役所言葉・官庁用語は使わず、わかりやすい言葉に言い換える。
- 官庁用語には、読み手にとって耳慣れないものが多い。
- 文章全体が、権力的で硬い感じになってしまう。

〈注〉官庁や役所などに提出する文章の場合は、使ってもよい。

8 専門用語や業界用語は、できるだけ使わない

専門用語や業界用語を多く使うと、文章の価値が上がると考えている人がいる。おかしいと思うが……。

× 悪い例

①クランケのプルスは、だいぶ乱れていた。

②今回のプレゼンは、クライアントに気に入ってもらえた。

③ホシは、完黙を続けている。

○ よい例

①患者の脈拍は、だいぶ乱れていた。

②今回の提案は、お得意様に気に入ってもらえた。

③容疑者は、完全黙秘を続けている。

改善ポイント

（**1**）一般になじみの薄い専門用語や業界用語は、できるだけ平易な言葉に言い換える。

（**2**）やむを得ず専門用語や業界用語を使う場合は、何らかの形で説明を入れる。

①**短い文のとき**……文中に、カッコ書きで説明を入れる。

〈例〉担当の看護婦は、宿直の医師に、「クランケ（患者）のプルス（脈拍）は、だいぶ乱れています」と報告した。

②**長い文のとき**……

（1）専門用語や業界用語の直後に説明を入れる。

（2）場合によっては、〈注〉を付ける。

9 指示語を、むやみに使わない

指示語を多く使ったために、わかりにくくなっている文は、どうしたらよいか。

例

①これ・この・こんな
②それ・その・そんな
③あれ・あの・あんな
④どれ・どの・どんな
⑤こうした〜。
⑥こうすることは、〜。
⑦これらは、〜。
⑧このうち・これらのうち
⑨そのうち・それらのうち

⑩そのような話は、〜。
⑪あのような話は、〜。

⑫この2つの豊かさは、〜。
⑬前者は、〜。後者は、〜。
⑭前述のような〜。
⑮〜も同様である。

○× 改善ポイント

（**1**）指示語は原則として使わないで、具体的な言葉や文章を繰り返したり、言い換える。

▶読み手が、指示語の指す言葉や文章を探さないですむ。
▶内容が理解しやすくなる。

〈例〉×仕事始めにあたり、山田副社長の音頭で乾杯した。それが行われた後（その後）、佐藤社長から年頭のお言葉をいただいた。

○仕事始めにあたり、山田副社長の音頭で乾杯した。グラスを傾けた後、佐藤社長から年頭のお言葉をいただいた。

（**2**）上記の例の、①から⑨は原則として使わず、具体的な言葉を繰り返す。

（**3**）⑩⑪は、「そのような話は、～」「あのような話は、～」とせず、「先日、Ａさんから聞いた話は、～」などと具体的に書く。

（**4**）⑫の「この２つの豊かさは、～」は、「物質面と精神面の豊かさは、～」などとする。

（**5**）⑬「前者は、～。後者は、～」、⑭「前述のような～」、⑮「～も同様である」はよく使われがちだが、なるべく「前者」「後者」や「前述」、「同様」の指す言葉を繰り返すようにする。

（**6**）具体的な言葉や文章を繰り返すことのほかに、別の表現を使ってもよい。また、繰り返さなくても意味が通じるときは、省略してもよい。

〈例〉Ａさんと妻は、ともに教師である。２人は、夕食時にいつも子どもの教育について話し合っている。

（**7**）指示語を使いすぎる人は、自己中心的な人か、読み手のことを考える余裕のない人が多い。

〈注1〉「指示語を使わないと、文章が長くなる」と言う人がいる。しかし、他のムダな表現や文をなくすことで、全体の文章を短くできる。

〈注2〉ムダな表現や文を削っても長くなるのは、論点を多く入れすぎている証拠。１つの論点に絞って文を書くようにすれば、文章は短くなる。

〈注3〉文脈上、どうしても指示語を使ったほうがよい場合は、例外的に使ってもよい。その場合は、どの言葉を受け、どの言葉を指しているかがハッキリわかるように使う。
また、どうしてもスペースがないときにも、例外的に使ってもよい。

10 外国語は、むやみに使わない

ある一文を書いたら、「英語が多くて、わかりにくい」と言われた。どうしたらよいか。

× 悪い例

①彼女は、いつもナーバスになっている。

②彼の意見には、筋の通ったポリシーがない。

③トータルなビジョンが、欠けている。

○ よい例

①彼女は、いつも神経質になっている。

②彼の意見には、筋の通った政策や方針がない。

③総合的な展望が、欠けている。

○× 改善ポイント

（1）必要以上に外国語、特に英語の表現を使わない。
▶読み手に、内容が伝わりにくくなる。

（2）どうしても外国語を使う場合は、その直後にカッコ書きで日本語の意味を書く。
〈例〉ＣＳ（顧客満足）を実現させることが、大切である。

（3）「ニュース」や「オフィス」など、すでに一般化している言葉は、そのまま使ってもよい。

11 どこに係るかが、不明な表現をしない

副詞句の係り具合を、適当にしてしまってよいか。

✕ 悪い例

23日の朝８時半ごろ、大阪駅前にあるＡ銀行の夜間金庫が何者かによって壊され、現金がそっくり盗まれているのを出勤してきた支店長が見つけ、110番通報した。

○ よい例

①大阪駅前にあるＡ銀行の夜間金庫が何者かによって壊され、現金がそっくり盗まれているのを出勤してきた支店長が見つけ、23日の朝８時半ごろ、110番通報した。

②23日の朝８時半ごろ、大阪駅前にあるＡ銀行の支店長から110番通報があった。支店長が出勤してきたとき、夜間金庫が何者かによって壊され、現金がそっくり盗まれていたのだという。

○✕ 改善ポイント

（**1**）副詞句の係り具合があいまいな表現をしない。
- 読み手に、誤解を与えてしまう。
- 悪い例では、「23日の朝８時半ごろ」が「壊され」「盗まれている」「出勤してきた」「見つけ」「通報した」のどれに係るのか、ハッキリしない。

（**2**）誤解の余地のないつながりに直す。

12
カッコは、文中ではなるべく使わない

文章を書くときに、ついついカッコ書きを使ってしまうが、よいか。

✕ 悪い例

先年、ノーベル化学賞を受賞した田中耕一氏（当時43歳、島津製作所・ライフサイエンス研究所主任）は、朴とつな人柄で、日本国民に好感を与えたものだった。

○ よい例

先年、ノーベル化学賞を受賞した田中耕一氏は、当時43歳で島津製作所・ライフサイエンス研究所の主任であった。朴とつな人柄で、日本国民に好感を与えたものだった。

改善ポイント

（**1**）カッコは、文中ではなるべく使わない。
- カッコがあると、読みづらい。
- 読み進むスピードが、遅くなる。

（**2**）不要なカッコは外し、別の表現で簡潔に説明する。
- 読みやすくなる。

13 責任逃れの表現を、しない

内容に自信がないときは、言い訳くさい文章になってしまう。どうすればよいか。

✕ 悪い例

①私は、文学部の出身なので、経済のことは素人であるが〜

②私は、軍事問題の専門家ではないが、〜

③時間の余裕がなかったので、詳しく調べられなかったが〜

④一般的にいわれていることだが〜

⑤この点は重要だが、頁数の関係で割愛したい。

改善ポイント

(**1**) 自分が書いた文章には、責任をもつ。

(**2**) 責任逃れの表現は、しない。

▶読み手に、何の感動や共感も与えない。

▶スペース・時間・経費・エネルギーのムダをしない。

(**3**) 悪い例（①〜⑤）のような場合、すべて削除する。

14 二重否定の表現は、しない

否定形を重ねることで肯定の意味を表すのは、よいか。

× 悪い例

①重要な問題では、ないとはいえない。

②新しいコートが、欲しくなくもない。

○ よい例

①重要な問題である。

②新しいコートが、欲しい。

○× 改善ポイント

（**1**）文章の中で、二重否定は使わない。

- 内容が、読み手にストレートに伝わらない。
- 文章のリズムが悪くなる。
- 二重否定は責任を回避しているようで、誠実さが感じられない。

15 漢字は、5字以上続けて使わない

漢字は、いくつまで続けて書いてもよいか。

× 悪い例

①大手商社幹部社員が、ついに逮捕された。

②日本製自動車の輸出台数が、年々減ってきている。

○ よい例

①大手商社の幹部社員が、ついに逮捕された。

②日本製の自動車の輸出台数が、年々減ってきている。

改善ポイント

(**1**) 漢字は、5字以上続けて使わない。

▶漢字を5字以上続けると、読みづらくなる。
▶文章全体が、硬いイメージになる。
▶文章のリズムが悪くなる。

〈注〉ただし、固有名詞や慣用的な言い回しの場合は、例外である。
〈例〉内閣総理大臣、第二次世界大戦や原水爆禁止運動など。

(**2**) あるテーマについて書いた文章のうち、漢字とひらがなの割合は、「漢字：かな(カタカナも含む)＝4：6」ぐらいがよい。

〈注〉コンピューターやファッション関係の文章のように、外来語が主になる場合は、「漢字：かな(カタカナも含む)＝3：7」ぐらいでよい。

16 体言止めを、3回以上続けて使わない

体言止めを連続して使う人がいるが、よいか。

✕ 悪い例

約束手形の乱発。これは倒産しそうな会社の典型的な特徴の1つ。営業マンとして常にチェックしておくべき重要なポイント。単にその場の仕事をこなすだけではダメ。取引先の状況に常に目を配っておこう。

○ よい例

約束手形の乱発。これは倒産しそうな会社の典型的な特徴の1つであり、営業マンとして常にチェックしておくべき重要なポイントだ。単にその場の仕事をこなすだけではなく、常に取引先の状況に目を配っておこう。

改善ポイント

（**1**）体言止めは、2つまでなら続けて使ってよい。

▶ 3つ以上続けると、文章のつながりが悪くなる。

〈注〉体言とは名詞・代名詞のことで、活用がなく、文の主語となりうるもの。体言止めとは、文末を体言で終わらせることをいう。

17 「必ず～」は、必要以上に使わない

文意を強めるために、「必ず～」という言葉を使いたがる人がいるが、よいか。

✕ 悪い例

「この新事業を必ず成功させなければ、今期は必ず赤字になってしまう。苦しい状況だが、目標を必ず達成するよう努力してもらいたい」――社長は最近、必ず新事業の話をされる。

○ よい例

①「この新事業を成功させなければ、今期は赤字になってしまう。苦しい状況だが、目標を必ず達成するよう努力してもらいたい」――社長は最近、決まって新事業の話をされる。

②「この新事業を絶対に成功させなければ、今期の赤字は必至である。苦しい状況だが、目標を必ず達成するよう努力してもらいたい」――社長は最近、決まって新事業の話をされる。

○✕ 改善ポイント

(**1**)「必ず～」という表現は、不用意に使いすぎない。

▶「必ず～」という表現を使いすぎると、ほとんどの言葉に「必ず～」が必要になってしまう。

▶ほとんどの言葉を強調するような文章は、何も強調していないのと同じになる。

(**2**)「必ず～」がなくても、意味が変わらないときは、省略する(よい例①)。

▶文章が簡潔で、読みやすくなる。

(**3**) もちろん、必要な場合は「必ず～」を使ってもよい。

(**4**)「必ず～」が重なるときは、場合によっては、他の言葉に置き換える(よい例②)。

〈例〉「決まって～」「いつも～」「絶対に～」「～必至である」など。

18 「〜を行う」という表現は、なるべく使わない

「〜を行う」という表現を、好んで使う人がいるが、よいか。

× 悪い例

①研究を行う

②調査を行う

③試験を行う

○ よい例

①研究する

②調査する

③試験する

改善ポイント

(**1**)「〜を行う」という表現は、なるべく使わない。

▶回りくどくなってしまう。

〈注〉ただし、時には「〜を行う」として、リズム感を出すこともある。

「～化」「～性」「～的」という表現は、なるべく使わない

「～化」「～性」「～的」という表現を、頻繁に使ってもよいか。

× 悪い例

①今日の環境問題は、予想以上に複雑化している。

②A課長は、周りの人の意見への同化性が強い。

③講師の仕事は、彼や彼女にとっては副業的なものである。

○ よい例

①今日の環境問題は、予想以上に複雑になっている。

②A課長は、周りの人の意見に非常に同化されやすい。

③講師の仕事は、彼や彼女にとっては副業である。

○× 改善ポイント

(**1**)「～化」「～性」「～的」は、あいまいな表現であり、なるべく使わない。

▶「化」「性」「的」がなくても、十分に意味が通じる。

▶「～化」「～性」「～的」とすると、文が硬くなってしまう。

〈注〉ただし、「効果的」「激化」「流動性」や「基本的」など、ごく一般的な言葉として定着している語句は使ってもよい。

20 「〜は〜は」は、使わない

「〜は〜は」と書くのは、読みづらい。どうすればよいか。

✕ 悪い例

①無断欠勤をした社員はペナルティーを課せられるとした社内規則は、納得できる。

②禁錮以上の有罪判決が確定した場合に、地方公務員は当然に失職する旨を定めた地方公務員法は、憲法に違反しない。

○ よい例

①無断欠勤をした社員に対して、ペナルティーを課すとした社内規則は、納得できる。

②「禁錮以上の有罪判決が確定した場合に、地方公務員は当然に失職する」と定めた地方公務員法は、憲法に違反しない。

改善ポイント

(1)「〜は〜は」という表現は、しない。
▶読みにくい。

(2) どちらかの「は」を、別の表現に変える(よい例①)。

(3) 別の表現ができにくい場合は、「　」や —— などを使う(よい例②)。

21 「～が～が」は、使わない

「～が～が」の表現をよく使う人がいるが、よいか。

✕ 悪い例

①この旗には、日本人が好む色がたくさん使われている。

②声をかけられた人が、気持ちがよくなる話し方だ。

○ よい例

①この旗には、日本人の好む色がたくさん使われている。

②－１：声をかけられた人が、気持ちのよくなる話し方だ。

　２：声をかけられた人が、気持ちよくなる話し方だ。

改善ポイント

(**1**)「～が～が」という表現は、しない。
- ▶読みにくい。
- ▶内容がわかりにくくなる。

(**2**)どちらかの「が」を、別の言葉に置き換える（よい例②－１）。

(**3**)おかしくなければ、「が」を取ってもよい（よい例②－２）。

〈注〉声を出して読んでみるとよい。

22
「の」を3回以上、続けて使わない

「の」を何回も使って、言葉をつないでよいか。

× 悪い例

①国際テロのぼっ発の条件のいくつかは、～。

②イギリスの首都のロンドンの1950年当時の人口は、～。

○ よい例

①国際テロがぼっ発する条件のいくつかは、～。

②1950年当時、イギリスの首都・ロンドンの人口は、～。

改善ポイント

(**1**)「の」を3回以上続けない。
▶間延びした文になる。
▶読みにくくなる。

(**2**)別の言葉に言い換える。例えば、動詞を使って換言する(よい例①)。

(**3**)言葉の順序を変えてみる(よい例②)。

23 「～だ」という表現を、3回以上繰り返さない

文末の表現として、「～だ」を多く使う人がいるが、よいか。

× 悪い例

彼は、プロの野球選手だ。日頃からバッティングはもちろん、守備の練習も一生懸命すべきだ。それでこそ、観客を喜ばせるプレーができるはずだからだ。

○ よい例

彼は、プロの野球選手である。日頃からバッティングはもちろん、守備の練習も欠かしてはならない。それでこそ、観客を喜ばせるプレーができるはずだからだ。

○× 改善ポイント

(1)「～だ」は、あまり使いすぎない。

▶文末に「～だ」ばかりが続くと、読みにくくなる。

〈注〉文末に変化をつけると、文章が生きてくることが多い。

24

「〜である」を、3回以上繰り返さない

文末の表現として、「〜である」をつい続けて使ってしまうが、よいか。

× 悪い例

景気は、必ず循環するものである。短期でみるとわからないかもしれないが、50年、100年単位でみれば、一目瞭然である。不景気の次には好景気が、好景気の次には不景気が訪れるものなのである。今の不景気にも、いつか必ず終わりがくるのである。

○ よい例

景気は、必ず循環する。短期でみるとわからないかもしれないが、50年、100年単位でみれば、一目瞭然だ。不景気の次には好景気が、好景気の次には不景気が訪れる。今の不景気にも、いつか必ず終わりがくるのである。

改善ポイント

（**1**）文末の表現として、「〜である」を繰り返しすぎない。
▶文章の流れが単調に感じられる。

（**2**）「〜である」を、別の表現に言い換える。
▶文末に変化がつくと、文章全体が引き締まる。

（**3**）書いた文章を、文末だけに注目して読み返してみるとよい。

25 「〜こと」を、必要以上に繰り返さない

「〜こと」をついつい使ってしまいがちだが、よいか。

✕ 悪い例

会社の方針がハッキリしないことは、社員にとっては不安なことである一方、目標が明確でないために、社員が日々の仕事への工夫を忘れることや非効率につながることになってしまう。

○ よい例

会社の方針がハッキリしないと、社員は不安である。さらに目標が明確でないために、社員が日々の仕事への工夫を忘れ、非効率になってしまう。

改善ポイント

（1）必要以上に「〜こと」を繰り返さない。
▶不必要な「〜こと」は、文章を読みにくくする。

（2）「〜こと」が続く場合、なくても意味が通じるか、別の表現に言い換えられないかを考える。
▶文のつながりがスムーズになる。

〈注〉「〜こと」が続くのは、表現したい内容が頭の中でよく整理されていないからである。

26 「私は～」の表現を、使いすぎない

「私は～思う」「私は～する」という表現をよくしてしまうが、よいか。

✕ 悪い例

私は毎日、規則正しい生活を送りたいと思う。学生時代には、私は、次の日のことも考えずに夜遅くまで遊び回ったりすることが多かったが、社会人になって、私は、それではよい仕事ができるはずがないと思う。私は、月曜日から金曜日までは、すべてを集中して仕事に当たりたいと思う。それで初めて、週末の時間が、真に充実したものとなると思うからだ。

○ よい例

私は毎日、規則正しい生活を送りたいと思う。学生時代には、次の日のことも考えずに夜遅くまで遊び回ったりすることが多かった。しかし、社会人になって、それではよい仕事ができるはずがない。月曜日から金曜日までは、すべてを集中して仕事に当たりたい。それで初めて、週末の時間が真に充実したものとなると思うからだ。

改善ポイント

(**1**)「私は～思う」「私は～する」という表現を、使いすぎない。
▶使いすぎると、稚拙な印象になる。

(**2**) 200字程度の文章では、せいぜい1回にとどめる。

27

文中の「～である～」という表現は、省略する

「～である」という表現を、文末だけでなく、文中にまで使う人がいるが、よいか。

✕ 悪い例

彼は、三冠王であるのだから、まさにスーパースターだ。

○ よい例

彼は、三冠王だから、まさにスーパースターだ。

改善ポイント

(**1**) 文中では、「～である～」という表現は使わない。

▶文中の「～である～」には意味がない。

▶文章のリズムが悪くなる。

(**2**) 特に文末が「である」の場合には、文の途中で使わないようにする。

「〜という」と「〜と言う」を、区別する

「いう」「言う」をときどき、同じように使っているが、よいか。

× 悪い例

①サッカーと言うスポーツは、〜

②「サッカーが好きだ」という人は、〜

○ よい例

①サッカーというスポーツは、〜

②「サッカーが好きだ」と言う人は、〜

改善ポイント

(**1**) 実際に言った言葉でない場合は、「〜という」と表現する(よい例①)。

▶言葉を発していないから、「〜と言う」ではおかしい。
〈注〉「〜という」には、実質的な意味はない。

(**2**) 実際に言った言葉の場合は、「〜と言う」と表現する(よい例②)。

〈注〉「よぶ」「呼ぶ」も、同じように区別して使う。
〈例〉資格の名門とよばれるWセミナーは、〜
「おーい」と呼んだ。

第IV章

《成川式》
注意すべき文章表記法

1 常用漢字を、使う

漢字の使い方は、完全に自由でよいか。

× 悪い例

①どんな理由があっても、他人を貶めることをしてはならない。

②わが社の新製品開発の進捗状況が、外部に漏洩していたことがわかった。

○ よい例

①－１：どんな理由があっても、他人をおとしめることをしてはならない。

２：どんな理由があっても、他人をさげすんではならない。

②わが社の新製品開発の進行状況が、外部に漏れていたことがわかった。

改善ポイント

(**1**) ビジネス文書では、原則として常用漢字を使う。

▶ビジネス文書では、読みやすさを最優先すべきだから。

(**2**) 常用漢字とは、社会生活で一般によく使用される漢字の目安として選定された1,945字のこと。国語審議会の答申に基づいて、1981年10月に内閣告示された。

(**3**) 常用漢字でない漢字は、ひらがなにするか、別の表現に書き換える。

(**4**) 読み手と文章の性格から考えて、漢字のほうが読みやすい場合には、例外的に常用漢字でない漢字を使ってもよい。

〈例〉彼の計画は、すぐにざ折した。→ 彼の計画は、すぐに挫折した。

(**5**) どうしても、常用漢字以外の漢字を使いたいときは、読みがなを付けるか、ルビをふる。

(**6**)「漢字」「ひらがな」「カタカナ」の比率は考える必要がない。

▶常用漢字以外は、「ひらがな」か「カタカナ」を使うだけだからである。

2

難しい漢字は、「ひらがな」で書く

難しい漢字を使えば、優れた文章だと思っている人がいるが、よいか。

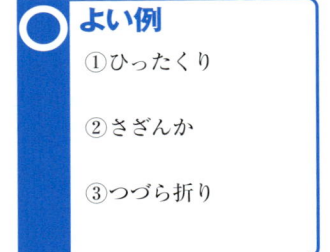

✕ 悪い例	○ よい例
①引っ手繰り	①ひったくり
②山茶花	②さざんか
③九十九折り	③つづら折り

改善ポイント

（**1**）難しい漢字や読みにくい漢字などは、「ひらがな」で書く。

▶読み手が、いちいち辞書を引かなければならない文章は、悪文。

（**2**）難しい漢字や読みにくい漢字を、あえてそのまま使う場合。

▶（　）を付して読みがなを書くか、漢字にルビをふる（第Ⅳ章３項参照）。ルビとは、ふりがなのことである。

〈例〉山茶花（さざんか）／山茶花《さざんか》

〈注〉人名、地名や専門用語などは、特に読みにくく間違えやすいので、（　）で読みがなを付けるか、ルビをふって読みやすくする。

3 読みにくい漢字には、(　　)で読みがなを付けるか、ルビをふる

読みにくい漢字を使う場合に、どうしたらよいか。

× 悪い例

①首位打者の面子にかけても～

②稟議書が、回ってきた。

○ よい例

①首位打者の面子(めんつ)にかけても～

首位打者の面子《めんつ》にかけても～

②稟議書(りんぎしょ)が、回ってきた。

稟議書《りんぎしょ》が、回ってきた。

改善ポイント

(**1**) 読みにくい漢字を使う場合には、(　　)で読みがなを付けるか、ルビをふる。

▶読み方がわからないと、意味を理解できない場合がある。

(**2**) 読みがなやルビは、最初に出てくる漢字に付ければよい。同じ文章中で何度も繰り返して付ける必要はない。

(**3**) 1冊の本などで、読みにくい漢字に読みがなやルビを付けた後に、何十ページも間があく場合には、再度、読みがなやルビを付ける。

(**4**) 中国人の名前など、非常に読みにくい文字には、すべてに読みがなやルビを付けることもある。

〈注〉どちらかといえば、ルビをふるよりも、(　　)で読みがなを付けるほうがよい。

▶ルビでは、文字が小さいので読みにくい。

4 カッコ内の読みがなやルビは、熟語や成語などの全体に付ける

熟語や成語に、読みがなやルビを付ける場合、読みにくい漢字にだけ付ければよいか。

✕ 悪い例

①唯(ゆい)物論とは、宇宙の本質を物質ととらえる考え方だ。

唯《ゆい》物論とは、宇宙の本質を物質ととらえる考え方だ。

②今の首相は、完全に四面楚(そ)歌である。

今の首相は、完全に四面楚《そ》歌である。

○ よい例

①唯物論(ゆいぶつろん)とは、宇宙の本質を物質ととらえる考え方だ。

唯《ゆい》物《ぶつ》論《ろん》とは、宇宙の本質を物質ととらえる考え方だ。

②今の首相は、完全に四面楚歌(しめんそか)である。

今の首相は、完全に四《し》面《めん》楚《そ》歌《か》である。

改善ポイント

(**1**) 熟語や成語に読みがなやルビを付ける場合、読みにくい漢字にだけ付けるのではなく、全体に付ける。

▶読みやすくなる。

〈注1〉 熟語とは、2字以上の漢字が結合して一語になるもの。例えば、唯物論。

〈注2〉 成語(せいご)とは、古くからよく言われた語句で、現在でもよく使われるもの。例えば、四面楚歌。

5 接続詞・副詞・連体詞・助詞・助動詞などは、かな書きにする

漢字とかなの使い分けを、どのようにしたらよいか。

✕ 悪い例	○ よい例
(1)接続詞・副詞	
❶及び	❶および
❷且つ	❷かつ
❸更に	❸さらに
❹従って	❹したがって
❺即ち	❺すなわち
❻但し	❻ただし
❼因みに	❼ちなみに
❽遂に	❽ついに
❾尚	❾なお
❿並びに	❿ならびに
⓫又	⓫また
⓬若しくは	⓬もしくは
(2)連体詞	
❶凡ゆる	❶あらゆる
❷或る	❷ある
❸此の	❸この
❹其の	❹その
❺何の	❺どの
(3)動詞・助動詞・補助動詞	
❶申し上げる	❶申しあげる
❷～有る	❷～ある
❸～行く	❸～いく
❹～置く	❹～おく
❺～下さい	❺～ください
❻～で無い	❻～でない
❼～の様に	❼～のように
(4)助詞・連語	
❶～と言う	❶～という
❷～位	❷～くらい

❸～丈	❸～だけ
❹程	❹ほど

（5）形式名詞

❶事	❶こと
❷通り	❷とおり
❸時	❸とき
❹所	❹ところ
❺物	❺もの

（6）感動詞

❶嗚呼	❶ああ
❷お早う	❷おはよう
❸今日は	❸こんにちは

（7）接頭語・接尾語

❶御～	❶お～
❷～限り	❷～かぎり
❸～毎	❸～ごと
❹～味〈注1〉	❹～み
❺～目〈注2〉	❺～め

〈注1〉新鮮味、甘味（かんみ）……など、上の言葉が音読みなら、漢字の「味」を使う。
〈注2〉2日目、7番目、折り目……などの場合は、漢字の「目」を使う。

改善ポイント

（1）接続詞、副詞、連体詞、助動詞、補助動詞、助詞、連語、形式名詞、感動詞、接頭語や接尾語などには漢字を使わない。
▶見た目が、硬い印象になってしまう。

〈注〉名詞や動詞には、漢字を使ったほうが意味が取りやすい。
〈例〉「したがって、～」…………接続詞は「かな」
「親の意見に従って～」……動詞としては「漢字」

6 意味によって、漢字とかなを使い分けたほうがよい語句もある

「事」や「時」は、どんな場合もひらがなで表記したほうがよいか。

例

①「事」と「こと」

(A) 事の発端は、思いもしないミスであった。

(B) 考えてみたこともない。

②「時」と「とき」

(A) 時には朝早く起きて、散歩でもしたいものだ。[**ある時期・時点**]

(B) 親孝行、したいときには親はなし。[**状況・仮定・条件**]

③「所」と「ところ」

(A) カメラに向かって立つ所を決める。[**場所・位置**]

(B) 意思の疎通がないところに、失敗の原因があった。[**状況・理由**]

④「通り」と「とおり」

(A) この通りを真っすぐ行くと海に出る。[**具体的な道路**]

(B) 会長のお話のとおりになった。[**筋道や内容**]

⑤「物」と「もの」

(A) 物をなくしてしまった。[**具体的な物品**]

(B) 正しいものかどうかわからない。[**抽象的な存在**]

改善ポイント

(**1**)「時」や「事」などは、意味によって漢字とかなを使い分ける。

(**2**)「具体的なものを指すときは漢字」「抽象的なものを指すときはかな」を使うのが基本。

7 漢字やかなは、文中で統一する

同じ文章の中で、「わが国」と書いたり「我が国」と書いている。よいか。

改善ポイント

(**1**) 常用漢字や送りがなは、一文の中で統一して使う。

▶文全体に統一感がある。

▶読者が惑ったり、イライラしなくてすむ。

〈注1〉「わが国」と使ったら、最後まで「わが国」を使う。「我が国」というのも、常用漢字としては許容されている。だから「我が国」としたら、最後まで「我が国」とする。

〈注2〉ほかに「当たり(当り)・今(いま)・おもしろい(面白い)・きのう(昨日)・きょう(今日)・わかる(分かる)」などがある。

8
初めての用語は、直後に説明する

自分が知っている用語は、読み手も知っていると思い込んで使う人がいるが、よいか。

× 悪い例

彼女は、かくれ肥満に気づいている。しかし、どうすることもできないでいる。

○ よい例

彼女は、かくれ肥満に気づいている。

かくれ肥満とは、見た目では太っていないのに体脂肪が多いことである。

しかし、彼女はどうすることもできないでいる。

改善ポイント

（1）新しい用語を使う場合は、その直後に説明をする。
▶内容が、わかりやすくなる。

（2）一度、説明した用語については、その後の説明は不要である。

9 略語を使う場合、初めに正式名称を明記する

日本語の略語を使う場合に、注意することは何か。

例

●略語	●正式名称
①行革	①行政改革
②日本経団連	②日本経済団体連合会
③社労士	③社会保険労務士

改善ポイント

(**1**) 略語を使う場合は、初めに正式名称を明記する。

▶読み手の理解を助けるため。

〈例〉この件に関する日本経済団体連合会(略称・日本経団連)の会長の見解は、次のとおり。

(中略)

日本経団連会長として、異例の記者会見であった。

〈注〉ただし、社内文書の場合は、例外的に、初めから「日本経団連の～」と表記することもある。

(**2**) 略語は、正しいものを使う。

▶自分勝手な略語にしてしまうと、読み手に意味が通じない。

〈例〉「日本経済団体連合会」を「日経済連」などとすると、意味が通じなくなる。

(**3**) 法令などの正式名称には、特に注意する。

▶一般に正式名称と思われている名称でも略語の場合がある。

〈例〉「男女雇用機会均等法」も、厳密には略語。正式には、「雇用の分野における男女の均等な機会及び待遇の確保等女子労働者の福祉の増進に関する法律」という。

10 カタカナの複合語は、間に中黒「・」を入れて表記する

カタカナの複合語は、どう表記したらよいか。

× 悪い例

①アラカルト
②インフルエンザウイルス
③オフィスオートメーション
④ギブアンドテーク
⑤ケースバイケース
⑥コンピューターグラフィックス

○ よい例

①ア・ラ・カルト
②インフルエンザ・ウイルス
③オフィス・オートメーション
④ギブ・アンド・テーク
⑤ケース・バイ・ケース
⑥コンピューター・グラフィックス

改善ポイント

（**1**）原語が２つ以上の単語からなるカタカナの複合語は、単語ごとに中黒「・」（中点ともいう）を入れて表記する。

〈注1〉ただし、時には、中黒を入れずに１字あけることもある。
　〈例〉インフルエンザ　ウイルス
　　　　　　　　　　↑
　　　　　　　　１字アキ

〈注2〉すでに日本語化しているものは、中黒を省略する。
　〈例〉カラーテレビ、ベストテン

11 一般的でないカタカナ表記を使う場合、カタカナと欧文の両方を書く

一般にあまり使われていないカタカナ表記を使う場合に、どう表現したらよいか。

✕ 悪い例

①ソーラー・プレーンとは、太陽電池を用いた飛行機である。

②キー・カレンシーとは、国際間の貿易や金融取引の決済、および準備資産として利用される通貨のことである。

○ よい例

①ソーラー・プレーン(solar plane)とは、太陽電池を用いた飛行機である。

②キー・カレンシー(key currency：基軸通貨)とは、国際間の貿易や金融取引の決済、および準備資産として利用される通貨のことである。

改善ポイント

(**1**) 聞き慣れないカタカナ表記を使うとき、カタカナだけでなく、原語のつづりも書くようにする。
▶カタカナだけでは、その言葉の意味を理解しにくい。

(**2**) 日本語の訳語を加えると、よりわかりやすくなる(よい例②)。

(**3**) 2回目以降は、カタカナだけでよい。

12

カタカナ表記を、アクセントとして使う

カタカナ表記は、まったく使ってはいけないか。

例

①会社にとっては、「ヒト・モノ・カネ」が大切である。

②文章を書くときには、テンの打ち方に注意する。

③どんなときでも、イキイキとしていたいと思う。

④彼は、いつもハッキリと自分の意見をいう。

改善ポイント

(**1**) カタカナ表記は、不用意に使うべきではないが、時にアクセントとして使うこともある。

▶文章にメリハリがつく。

▶読みやすくなる。

〈注〉決して使いすぎないこと。

13　用語・カタカナ・欧文

欧文表記の略語には、日本語の意味を付ける

一般的でない欧文表記の略語を使うときは、どう書いたらよいか。

×悪い例

①ＩＯＣの総会が、ニューヨークで開かれた。
②ＯＥＭは、一種の委託生産であり、家電製品などの生産でよく行われる方法である。
③ＯＰＥＣが、３年ぶりに原油価格の値上げを発表した。

○よい例

①ＩＯＣ（国際オリンピック委員会）の総会が、ニューヨークで開かれた。
②ＯＥＭ（相手先商標製品の製造）は、一種の委託生産であり、家電製品などの生産でよく行われる方法である。
③ＯＰＥＣ（石油輸出国機構）が、３年ぶりに原油価格の値上げを発表した。

改善ポイント

（**1**）一般的でない欧文表記の略語を使うときは、日本語の意味をカッコ書きで付けるようにする。
▶読み手が、理解しやすくなる。

（**2**）場合によっては、原語を示した上で日本語の意味を付ける。
〈例〉ＩＯＣ（International Olympic Committee：国際オリンピック委員会）

（**3**）１つの文章に、同じ略語が２回以上出てきた場合、２回目からは、カッコ内の日本語は省略する。

（**4**）「ＰＴＡ」など、ごく一般化した表記には、カッコ書きを付けなくてもよい。

14 英字の大文字・小文字の使い分けに、注意する

欧文表記の略語や単位記号などで、注意することは何か。

✕ 悪い例

（1）略語

①ｉｌｏ（国際労働機関）

②ｗｈｏ（世界保健機関）

③ｃｐｕ（中央演算処理装置）

（2）単位記号①

①ＫＧ

②Ｍ

③ＰＰＭ

（3）単位記号②

①ｐｈ　または　ＰＨ

②ｈｐａ　または　ＨＰＡ

③ｋｗ　または　ＫＷ

○ よい例

（1）略語

①ＩＬＯ（国際労働機関）

②ＷＨＯ（世界保健機関）

③ＣＰＵ（中央演算処理装置）

（2）単位記号①小文字を使う

①ｋｇ

②ｍ

③ｐｐｍ

（3）単位記号②
大文字と小文字を使う

①ｐＨ

②ｈＰａ

③ｋＷ

改善ポイント

（**1**）英字表記の場合は、大文字と小文字に注意する。

（**2**）略語は、大文字で表記する〔よい例（１）〕。

（**3**）単位記号は、ＪＩＳ（日本工業規格）で決められている表記に従う〔よい例の（２）と（３）〕。

15 用語や表記などは、文中で統一する

アメリカやフランスのことを、同じ文中で米国や仏国と書くことがある。よいか。

改善ポイント

（**1**）用語・表記・略字などは、同じ文章の中では統一して使う。

▶文全体に統一感があり、「品質」がよくなる。

▶読み手が、惑ったり、イライラしなくてすむ。

〈注〉どちらを使ってもよい例としては、アメリカ（米国）、フランス（仏国）、グローバル・スタンダード（世界標準）、Ｂ／Ｓ（貸借対照表）、Ｐ／Ｌ（損益計算書）、ＰＬ（製造物責任）、ＤＶ（家庭内暴力）、長プラ（長期プライムレート）、マック（マッキントッシュ）、ピューリタン（清教徒）など。

16 固有名詞は、絶対に間違えない

文章を書き上げたあとで、必ず確認しなければならないことは何か。

改善ポイント

(**1**) 固有名詞とは、あるものを特定する名称を表す名詞。例えば、田中一郎、東京都や『枕草子』など、人名、地名や書名などを表す名詞である。

(**2**) 文章を書き上げたら、使われている固有名詞に誤りがないかどうか、1つ1つ確認する。

▶固有名詞に誤りがあると、その文章全体の信頼性が失われてしまう。

(**3**) 次のような人名は、特に紛らわしいので注意する。

①大田　　太田
②斉藤　　斎藤　　齋藤
③沢田　　澤田
④長嶋　　長島
⑤辻　　辻
⑥隆　　隆

〈注〉難しい固有名詞の漢字は略語を使いたくなるが、絶対に使わないようにする。

17 人名は、必ずフルネームで書く

人の名前を書くのに、名字だけでよいか。

✕ 悪い例

大板電気株式会社
販売促進課
山田様

株式会社 末永広告社
営業二課
吉田

○ よい例

大板電気株式会社
販売促進課
山田陽介様

株式会社 末永広告社
営業二課
吉田一郎

改善ポイント

（**1**）相手の名前であれ、自分の名前であれ、ビジネス文書では必ずフルネームで書く。

▶人名を略しては、失礼になる。

▶同姓の人がいた場合には、名字だけでは混乱する。

〈注1〉このような基本的なミスを直さない人は、ビジネスのプロにはなれない。

〈注2〉社内文書の場合は双方ともフルネームにするか、双方とも名字だけにする。

（**2**）ハガキや手紙などでも、必ずフルネームで書く。

（**3**）同じ文中で同じ人名を使う場合、2度目以降は、名字だけでよい。

18

固有名詞

「同社」は他人の会社、「当社」は自分の会社を指す

「同社」と「当社」は、どう違うか。

× 悪い例

①私ども大阪時計株式会社では、来年から東アジア諸国への輸出を開始する。同社の命運を賭けた一大プロジェクトである。

②時計業界のトップの東京時計では、昨年からヨーロッパへの輸出を開始した。今年の初めには、当社の総輸出額の２割を占めるようになったという。

○ よい例

①私ども大阪時計株式会社では、来年から東アジア諸国への輸出を開始する。当社の命運を賭けた一大プロジェクトである。

②時計業界のトップの東京時計では、昨年からヨーロッパへの輸出を開始した。今年の初めには、同社の総輸出額の２割を占めるようになったという。

改善ポイント

(**1**)「同社」と「当社」を正しく使い分ける。「同社」は他人の会社、「当社」は自分の会社を指す。

〈注1〉会社を表す言葉には、ほかに次のようなものがある。
弊社、小社……自分の会社をへりくだっていう場合
貴社、御社……相手の会社を敬っていう場合

〈注2〉新聞社では自社のことを新聞紙面で「本社」と書く慣例がある。

19　　固有名詞

社名は、正式名称で表記する

社名を記す場合に、注意することは何か。

✕ 悪い例（誤）	● よい例（正）
①豊田自動車（株）	①トヨタ自動車株式会社
②キャノン（株）	②キヤノン株式会社
③キューピー（株）	③キユーピー株式会社
④日本アイビーエム（株）	④日本アイ・ビー・エム株式会社
⑤富士フィルム（株）	⑤富士写真フイルム株式会社
⑥わせだセミナー	⑥W（早稲田）セミナー

改善ポイント

（**1**）社名は、決してあいまいなままで使ってはいけない。

▶社名の間違いは、当事者に失礼になる。

▶読み手の信頼感を失ってしまう。

（**2**）カタカナ表記の社名では、特に長音符号、中黒や拗促音（ようそくおん）などに注意する。

▶間違えやすい。

〈注〉拗促音とは、拗音（「きゃ」「きゅ」「きょ」など）と促音（つまる音「っ」）のこと。

（**3**）（株）は正式な表記ではない。略さずに、「株式会社」と書くことが失礼にならない書き方。

〈注〉略式の場合は、トヨタ自動車（株）でもよい。

20 登録商標は使わず、普通名詞で表記する

登録商標を使ってよいか。

× 悪い例

●登録商標

①ウォークマン
②エレクトーン
③亀の子たわし
④クレパス
⑤セメダイン
⑥ゼロックス
⑦セロテープ
⑧宅急便
⑨パンスト
⑩マジックインキ

○ よい例

●普通名詞

①携帯用ヘッドホンステレオ
②電子オルガン
③たわし
④パステルクレヨン
⑤接着剤
⑥複写機
⑦セロハンテープ
⑧宅配便
⑨パンティストッキング
⑩フェルトペン

改善ポイント

(**1**) 登録商標を、そのまま使ってはいけない。

(**2**) 登録商標を使う場合は、商標法にのっとって、断り書きを入れる。
〈例〉MS-DOSは、米国・マイクロソフト社の登録商標です。

21 肩書は、初めて出るところに付ける

文章の中で人名を書く場合に、注意することは何か。

改善ポイント

（**1**）初めに姓名をきちんと書く。
▶読み手に正確な情報を伝えるため。

（**2**）肩書は、その人名が初めて出てくるところに付ける。
▶肩書によって、その人の地位や権限などがだいたいわかる。

（**3**）２回目以降は、姓のみでよい。
〈例〉Ｆ社の鈴木太郎会長が、アメリカのＡ社を訪問した。鈴木会長がかねて計画していた、Ａ社との業務提携の話を進めるためであった。

（**4**）姓名の直後に肩書を付けると、敬称になる。
〈例〉佐藤一郎会長、田中花子先生

（**5**）「前」「元」「故」は、肩書や氏名の前に付ける。
①「前」は、当人がやめたばかりで、後任者が決まっていなかったり、後任者がやめていない場合に使う。
②「元」は、ｉ）当人の後任者が変わったあと、ii）ある職業や身分を辞めたとき、iii）称号、身分や組織などが変わったり、なくなったときなどに使う。
〈例〉元会長、元国鉄職員
③「故」は、死者であることをハッキリさせる場合に使う。これは、氏名の前に付ける。
〈例〉故佐藤栄作氏

22

固有名詞

人名には、「氏」・「様」・「さん」の敬称を付ける

文章の中で人名を書く場合に、敬称はどう付けるか。

改善ポイント

(**1**) 生きている人には、基本的に「氏」または「様」「さん」の敬称を付ける。

(**2**) 人名を列挙する場合、敬称は１人ひとりに付けず、最後の人の後にまとめて付ける。

〈例〉山田、大西、池山の諸氏
山田、大西、池山のみなさん

(**3**) 姓名の直後に肩書を付けると、敬称になる(第Ⅳ章21項参照)。

(**4**) 死去して30年以上経った人や歴史上の人物には、普通、敬称を付けない。

〈注〉人名が多く、敬称を付けると煩雑になるときには、本文中の敬称を省略し、最初または最後に(敬称略)と記す。

23

数字は算用数字を使い、単位数字は「万、億、兆……」を使う

横書きの文章での数字表記は、どうしたらよいか。

✕ 悪い例

①780,000,000円

②13,003,750,000,000円

○ よい例

① 7億8,000万円

②13兆37億5,000万円

改善ポイント

(**1**) 横書きの文章では、算用数字を使う。

(**2**) 大きい数字の場合、「万、億、兆……」の単位数字を使う。

▶見やすくなる。

▶読み誤りがなくなる。

(**3**) 単位数字の「十、百、千」は使わない。

▶かえって読みにくくなる。

〈注〉横書きでも、①数量感の薄い言葉、②慣用句や成句、③固有名詞、④概数、などには漢数字を使う（第Ⅳ章26項参照）。

24
万以上の数字であっても、単位数字を付けないこともある

万以上の単位数字は、どんな場合にも付けなければならないか。

例

①所番地：東京都東京区東京 3 - 4 - 16 - 303
②西暦年：2006年 8 月10日
③パーセント：78.5%
④緯度・経度：北緯23度45分、東経125度20分
⑤法令番号：刑法第85条
⑥得票数：582,000票
⑦速度：毎時120キロメートル
⑧標高、水深や水位など：13,870メートル
⑨降雨量、積雪量や氷厚など：150ミリメートル
⑩気圧：1,013ヘクトパスカル
⑪風速：25メートル
⑫気温、水温や体温など：摂氏26度
⑬重量：15,000トン
⑭身長、体重：174センチメートル、65キログラム
⑮角度：15度、360度
⑯宇宙飛行体の軌道要素：周期 92.17分
⑰大砲の口径：200ミリ自走砲
⑱放射線量：500ミリシーベルト
⑲排気量：1,600 cc
⑳周波数：1,240キロヘルツ

改善ポイント

(**1**) 上記の例のような場合は、仮に万以上の大きな数字であっても、単位数字は付けない。

(**2**) 位取りのカンマ「,」は、忘れずに付ける（例②の西暦年には付けない）。

25 数字は、3ケタごとにカンマ「,」を付けて位取りをする

数字を書く場合、位取りはどうしたらよいか。

✕ 悪い例

①1350円

②128375000人

○ よい例

①1,350円

② 1 億2,837万5,000人

改善ポイント

(**1**) 数字の位取りは、3 ケタごとにカンマ「,」を付ける。
▶読みやすい。
〈注〉西暦年には、カンマは付けない。2003年など。

(**2**) 万以上の算用数字には、単位数字の「万、億、兆……」を使う(第Ⅳ章23項参照)。
▶読みやすい。

(**3**) 小数点未満の数字がある場合には、小数点「.」で示す。
〈例〉1,350.35円
〈注〉「.」は、数字に使えば小数点を意味する。英語やフランス語などの文章に使えば、終止符(ピリオド)を意味する。

26 横書きでも、場合によっては漢数字で表記する

横書きの文章では、どんな場合でも算用数字を使うのか。

× 悪い例

①１部分、１般的に、１時点

②50歩100歩、10人10色、１休み、３つどもえ

③１郎、４国、２重橋

④10幾人、数10日、何1000人

○ よい例

①一部分、一般的に、一時点

②五十歩百歩、十人十色、一休み、三つどもえ

③一郎、四国、二重橋

④十幾人、数十日、何千人

改善ポイント

（**1**）横書きの文章でも、次のような場合は漢数字を使う。

①「１、２、３……」と数えられない、数量感の薄い言葉
②慣用句や成句
③固有名詞
④「数」「何」や「幾」などが付く概数（概数については、第Ⅳ章27項参照）

27 概数は、「数」「何」「約」「前後」「余り（足らず）」などで表す

漢然とした数値を示したいとき、どうしたらよいか。

例

①数

10数人／10数個／10数メートル／10数時間

②何

10何人／10何個／10何メートル／10何時間

③約

約10人／約10個／約10メートル／約10時間

④前後

10人前後／10個前後／10メートル前後／10時間前後

⑤余り

10人余り／10個余り／10メートル余り／10時間余り

⑥足らず

10人足らず／10個足らず／10メートル足らず／10時間足らず

改善ポイント

（**1**）概数は、「数」「何」「約」「前後」や「余り（足らず）」などで表す。

（**2**）上記の例①、②の場合、横書きでも漢数字を使うことが多い。
〈例〉十数人、千数百円、百何時間

（**3**）「約」は、「おおむね」「おおよそ」「ほぼ」などともいう。

（**4**）「前後」は、「くらい」「程度」などともいう。

28 数値の範囲を示すときは、数字を省略しない

数値の範囲を示すときは、どう表記するか。

× 悪い例

3～5,000人

○ よい例

3,000～5,000人

改善ポイント

（**1**）数値の範囲を示すときは、数字を省略しない。
▶読み誤りをなくすため。

（**2**）悪い例では、「3人から5,000人」とも読める。

（**3**）よい例のように書けば、「3,000人から5,000人」であることが明確になる。

〈注〉西暦年の場合は、省略してもよい。
〈例〉2004～09年
ただし、1895～1905年などの場合は、もちろん省略しない。

29

数字・時・年号・西暦の表記

縦書きの場合は、漢数字を使う

縦書きの文章でも、数字は算用数字を使うのか。

例

①－1：
一三九〇人
二九六円
一五メートル
七〇回

①－2：
千三百九十人
二百九十六円
十五メートル
七十回

②（概数）
五百～六百人
二、三人

改善ポイント

（**1**）縦書きの文章では、漢数字を使う。

▶縦書きは、もともと漢字用の文章スタイルだから。

▶算用数字では、読みにくい。

〈注〉ただし、住所の場合は、算用数字のほうがよいこともある。

▶「一」「二」「三」などが縦書きで続くと、紛らわしいから。

（**2**）上記の例のように、「十、百、千」の単位数字を使う場合と使わない場合とがある（例①－1、①－2）。

〈注〉ただし、同じ文章中では、どちらかの表記に統一して使う。

30
「以上」「以下」は、基準値を含む

「以上」「以下」という表現は、どのように使うか。

改善ポイント

(**1**)「未満」は、基準値（数や時など）に達していないことを表す。基準値は含まない。「超える」は、基準値を超えていることを示す。基準値を含まず、それより大きい数値を表す。

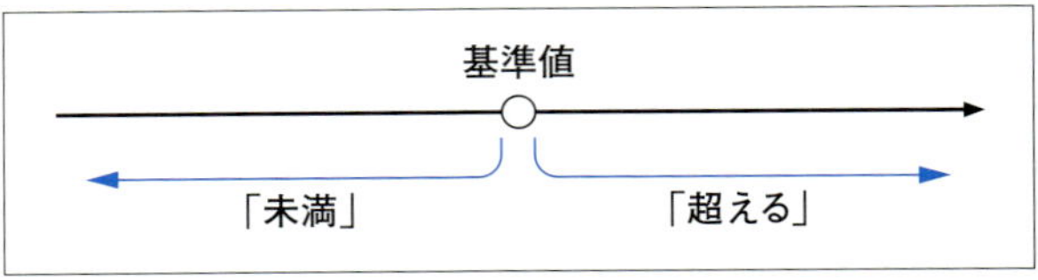

(**2**)「以内」「以下」「以前」「まで」は、いずれも基準値を含み、それより小さい数値を表す。「以降」「以上」「以後」「から」は、基準値を含み、それより大きい数値を表す。

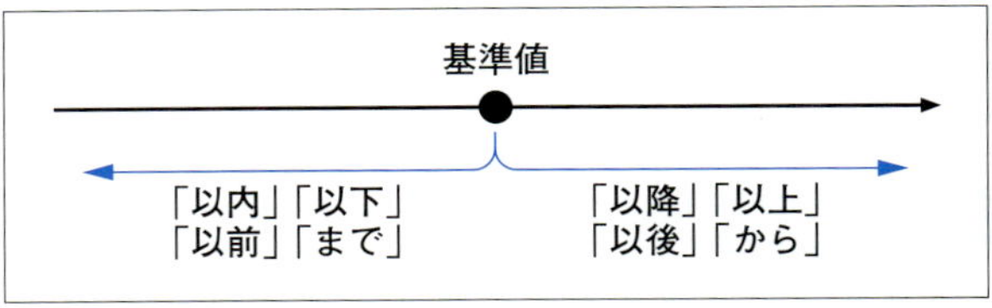

〈注1〉「以前」には、別の用法もある。
〈例〉「百年以前」とは、現在から百年前のある時点を指す。
「明治以前」「戦争以前」などという場合は、明治時代や戦争にならない期間を指す。
〈注2〉「以外」は、基準値でないものすべてを表す。

「〜前」「〜後」は、基準値を含まない

「〜前」「〜後」という表現は、どのように使うか。

例

①プロ野球開幕前３日の４月４日

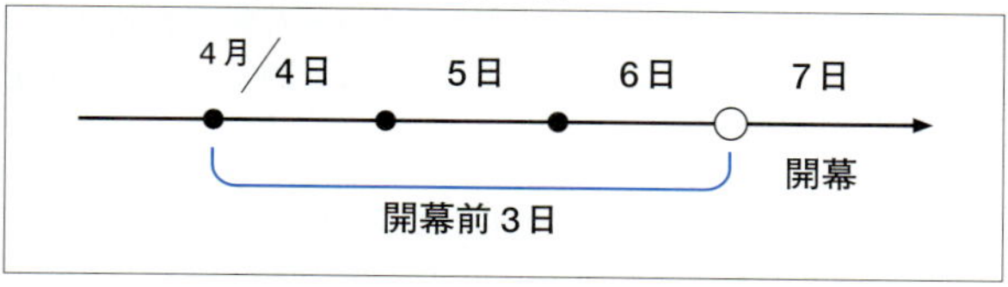

②株式上場後、７日が過ぎた11月８日

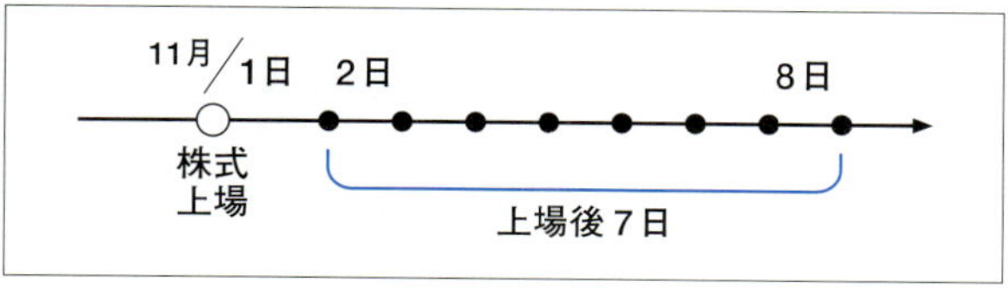

改善ポイント

（**1**）「〜前」「〜後」は、基準値を含まない。

32

「ぶり」「目」「足かけ」「周年」を、正しく使う

時間を表す「ぶり」「目」「足かけ」「周年」を、どう使うか。

例

①審議は、突然の中断から20日ぶりに再開した。

……「中断の日」を含めず、その次の日から数えて20日。

〈注〉次の日に再開される場合だけは「翌日」といい、「1日ぶり」とはいわない。

②審議は、突然の中断から20日目に再開した。

……中断の日を含めて数えて20日。

③会社を設立して、足かけ３年になる。

……会社設立年を含めて３年目に入ったとき。

④会社の３周年にあたって、記念式典を行った。

……会社が設立されて、丸３年が経った日のこと。

改善ポイント

(**1**)「ぶり」「目」「足かけ」「周年」を正しく使う。

▶いいかげんに使うと、読み手に誤った情報を与えてしまう。

(**2**)「ぶり」は、起算の時を含まない。

(**3**)「目」は、起算の時を含む。

(**4**)「足かけ」は、起算の時を含む。

(**5**)「周年」は、丸何年かが経ったことを意味する。

33
数字は、決して間違えない

文章中に数字を使う場合に、注意することは何か。

改善ポイント

（**1**）文章を書き終わってから、数字が正しいかどうかをしっかり確認する。

▶どんな場合も、正しい情報を提供するため。

▶読み手の信頼を得るため。

（**2**）仕事上の数字は、「命」と思って正しく使う。

▶請求書の金額などで、300万円のところを800万円と間違えたら大変なことになる。

▶「0」と「6」、「1」と「7」や「3」と「8」は、間違いやすいから注意する。

34 文章が公表される年、月や日などを、考えて書く

文章を書いているときと、実際にその文章が読まれるときとで、時間的なズレが大きい場合はどうするか。

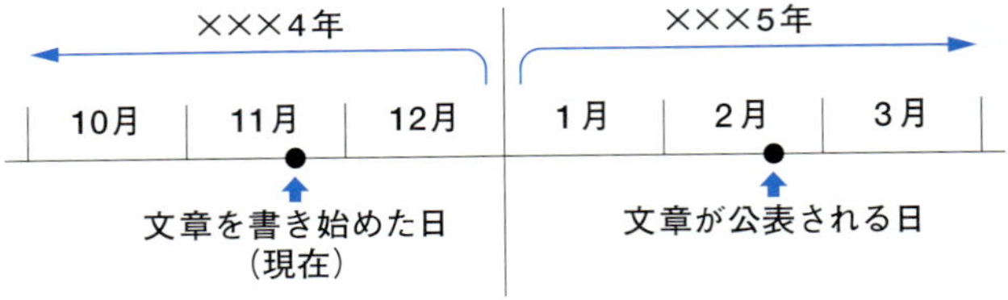

✕ 悪い例

×××４年、現在の日本では、～。
（文章を書き始めた日は、×××4年11月のある日）

○ よい例

×××５年、現在の日本では、～。
（文章を書き始めた日は、×××4年11月のある日）

改善ポイント

（**1**）書いた文章が公表される年、月や日などを考えて書く。
▶年、月や日などが古いと、内容まで古いと思われてしまう。

（**2**）円相場や株価など、変化が激しい内容の場合は、必ずその年月日を明記する。
▶信頼性を保つため。

（**3**）原稿ができあがった段階で読み返し、状況が変わっていないかどうかをチェックする。
〈注〉数値が変わったことで、つじつまが合わなくなることがあるので注意。

35 前の出来事は、「先日」「最近」「このほど」として書く

少し前の話題を書くとき、書き出しをどうしたらよいか。

例

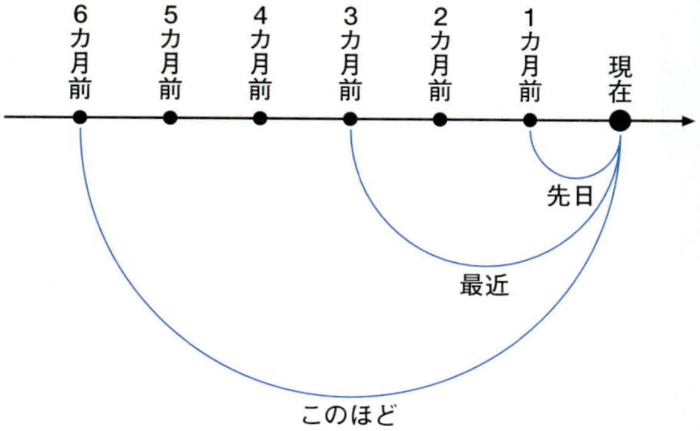

改善ポイント

(**1**)「先日」「最近」「このほど」を使う。

▶文章の内容が古くさい、と読み手に感じられないようにするため。

(**2**)「先日」とは、1日から1カ月ぐらい前までの期間を指す。

(**3**)「最近」とは、1日から3カ月ぐらい前までの期間を指す。

(**4**)「このほど」とは、1日から半年ぐらい前までの期間を指す。

物の数え方を、確かめる

物を数えるときに、注意することは何か。

✕ 悪い例

①山田牧場では、乳牛50匹と鶏1,000匹を飼っている。

②1個の原子炉を制御するのに、いったい何個のコンピューターが動いているのだろうか。

③1つの設計図を作り上げるまでには、実に多くの人の知恵が必要である。

○ よい例

①山田牧場では、乳牛50頭と鶏1,000羽を飼っている。

②1基の原子炉を制御するのに、いったい何台のコンピューターが動いているのだろうか。

③1枚の設計図を作り上げるまでには、実に多くの人の知恵が必要である。

改善ポイント

(**1**) 物には、それぞれ決まった数え方がある。助数詞を間違えないようにする。

〈注〉助数詞とは、数量を数える語に対応した名詞のこと。

(**2**) 巻末付録に、助数詞の一覧を掲げておく(264～267ページ)。

37

年号表示と西暦表示を併記する

出来事の年度を、年号で書くか、西暦で書くか、いつも迷ってしまうのだが……。

× 悪い例

①昭和20年、日本は太平洋戦争で敗戦した。

②1945年、日本は太平洋戦争で敗戦した。

○ よい例

昭和20年（1945年）、日本は太平洋戦争で敗戦した。

改善ポイント

（**1**）原則として、年号表示と西暦表示を併記する。

▶年号表示だけだと、今から何年前のことかわからない（悪い例①）。

〈注〉年号とは、年に付ける称号である。元号ともいう。日本の場合では明治・大正・昭和・平成などがある。

▶西暦表示だけだと、日本の時代の状況を連想しにくい（悪い例②）。

〈注〉西暦とは、キリストの誕生の年を元年とみなして、数える、年代の数え方である。

38 文中の符号は、慣用に従って正しく使う

文中の符号は、どのように使うのか。

例

符号（名称）／使い方
①　。　（句点） 文の終わりに打つ。
②　、　（読点） 読みやすく、わかりやすくするために打つ。
③　・　（中黒、中点） 名詞を並記したり、カタカナの複合語の区切りなどに使う。
④（　）（カッコ、丸カッコ、パーレン） 語句や文に注記を付けたり、漢字の読みを示すときに使う。
⑤「　」（カギカッコ） 会話文や引用文などに付ける。
⑥『　』（二重カギカッコ） カギカッコの中で、さらにカギカッコを使うときや、書名などに付ける。
⑦〈　〉（ヤマカギ） 丸カッコ（　）の中の細項目には〈　〉を付ける。
⑧　？　（疑問符） 疑問文の終わりに付ける（正式のビジネス文書では使わない）。
⑨　！　（感嘆符） 感嘆文の終わりに付ける（正式のビジネス文書では使わない）。
⑩　～　（連続符号） 範囲を示すときに使う。
⑪　－　（ハイフン） 番地や電話番号の区切りなどに使う。

⑫　：　（コロン）
事例や比率を示すとき、また「すなわち」の意味などに使う。

⑬　,　（カンマ）
数字の３ケタごとの区切りに使う。

⑭　.　（ピリオド）
小数点や略語に使う。

⑮　…　（３点リーダ）
言葉の省略や無言を表すときなどに使う。

⑯　—　（ダーシ）
語句のつなぎや補足・注釈などに使う。

⑰　“　”　（クォーテーションマーク）
カギカッコの代わりに使うことがあるが、引用には使わない。

⑱　々　（繰り返し符号）
漢字の繰り返しを示すときに使う。

⑲　〃　（チョンチョン）
項目や用語などの繰り返しを示すときに使う。

改善ポイント

（**1**）文中の符号は、慣用に従って正しく使う。

〈注〉代表的な符号について、次項以降、改めて解説する。

39
中黒「・」は、同格の言葉を並べたり、判読しやすくするために使う

中黒は、どのようなところに使うか。

× 悪い例

①21世紀における、日本韓国中国の新しい関係を模索する。
②社長古谷一太郎
③東京渋谷
④成川真蔵（なりかわしんぞう）
⑤－1：ジョンFケネディ
　　2：サーウィンストンチャーチル
⑥－1：オリンピックスタジアム
　　2：コーポレートガバナンス

○ よい例

①21世紀における、日本・韓国・中国の新しい関係を模索する。
②社長・古谷一太郎
③東京・渋谷
④成川真蔵（なりかわ・しんぞう）
⑤－1：ジョン・F・ケネディ
　　2：サー・ウィンストン・チャーチル
⑥－1：オリンピック・スタジアム
　　2：コーポレート・ガバナンス

改善ポイント

（**1**）中黒（ナカグロ）とは、同格の言葉を並べたり、判読しやすくするために使う区切りの符号である。ナカテン、ナカポツなどと呼ぶこともある。使い方は、以下のとおり。

（**2**）同格の言葉を並べるときに、中黒を入れる（よい例①）。

▶見やすくなる。

▶同格であることが、視覚的にもすぐわかるようになる。

〈注〉「〜化」「〜性」「〜的」の表現を同格で並べるときは、「化」「性」「的」をすべてにつける。

〈例〉×簡易・迅速化　○簡易化・迅速化

（**3**）肩書と名前の間に入れる（よい例②）。

▶読みやすくなる。

（**4**）地名を省略して表すときに使う（よい例③）。

（**5**）名前の読みがなで、姓と名の間に入れる（よい例④）。

▶読み誤りをなくす。

（**6**）外国人（中国人や韓国人など漢字の場合を除く）の名と姓の間や「サー」などの敬称と姓名の間に入れる（よい例⑤）。

▶読みやすくなる。

（**7**）外来語が複合されたカタカナ表記では、その間に入れる（よい例⑥、詳しくは第Ⅳ章10項参照）。

▶読み誤りをなくす。

〈注1〉すでに一般に広く使われ、かつ短い言葉の場合には、中黒は不要。

〈例〉ビジネスマン、デジタルカメラ

〈注2〉中黒を入れるべきかどうか迷ったときは、英和辞典を使って調べる。一語になっていない場合は、原則として中黒を入れる。

40

3点リーダ「…」は、言葉の省略や無言を表すときに使う

3点リーダには、どのような使い方があるか。

例

①顧客の管理名簿は、50人、100人、150人……と、50人をひとまとまりとして保管してある。

②マスコミでは、ちょっとしたきっかけで大成功した人間を、一大ヒーローにまつりあげてしまう傾向が強い。そのため、「私も、ここでひとつ……」と安易に脱サラを考える人が後を絶たない。

③「今回の談合事件の責任は、君に取ってもらうことにした。どうか、悪く思わないでほしい」
「……」
社長の突然の話に、彼は何も答えることができなかった。

改善ポイント

(**1**) 3点リーダは点3つからなり、文字1文字分のスペースを占める。通常、文章では3点リーダ2個を使う。表現を省略する場合に使用する(例①、②)。

- わかりきったことを繰り返すと、くどくなる。
- 文を短くできる。
- 文の内容によっては、効果的な間《ま》を持たせることができる。

(**2**) 無言を表すときに使う(例③)。

- 効果的だから。
- この場合、「　　」内に入れる。“……”とはしない。

〈注〉本文中に使うときに、文頭ではなるべく使わない。

- 意味を確かめるために、前の行を読み返さなくてはならないから。

41 ダーシ「―」は、まとめや問題を提起するときに使う

ダーシには、どのような使い方があるか。

例

①東京集中から地方分散へ――この動きは、歴史の必然ともいえる。

②はたして、これでよかったのか――。

③創立記念日に、12人の永年勤続者――男性７人、女性５人――が表彰された。

○✕ 改善ポイント

(**1**) ダーシは、まとめや問題を提起するときに使う。使い方は、以下のとおり。

(**2**) 他の文と区別する場合に使う(例①)。
〈注〉カギカッコでくくるほどではない語句に使う。

(**3**) 余韻を持たせる場合に使う(例②)。

(**4**) 補助的な説明を付け加える場合に使う(例③)。

42
文中で項目を羅列して説明する場合、最後の項目の終わりにダーシ「―」を打つ

羅列した項目の後に文章が続く場合、どうすべきか。

✕ 悪い例

喫茶店の担当者の話し合いで、①ローズマリーを増やす②ミントを新しく出す③セージはやめるなどが決められた。

○ よい例

喫茶店の担当者の話し合いで、①ローズマリーを増やす②ミントを新しく出す③セージはやめる――などが決められた。

○✕ 改善ポイント

(**1**) 羅列した最後の項目の終わりに、ダーシ「――」を打つ。

▶ダーシがないと、最後の項目がどこで終わったか、わからない（悪い例）。

▶読みにくい。

ダーシの前には、句点を打たない

ダーシを使って、ほかの言葉に続けるとき、ダーシの前に句点を打つべきか。

× 悪い例

面白い・やさしい・有意義である。——などの理由による。

○ よい例

面白い・やさしい・有意義である——などの理由による。

改善ポイント

（**1**）ダーシの前には、句点を打たない。
▶「有意義である——などの理由による」が一文だから。

（**2**）ダーシで文が終わるときは、句点を打つ。
〈例〉万事休すだ——。

ダーシや3点リーダは、2文字分使う

ダーシや3点リーダは、どう表記したらよいか。

✕ 悪い例

①現在の日本の２大都市—東京と大阪が、特に不景気のドン底にある。

②「入社以来38年、微力ながらも精いっぱい努力してまいりましたが…」。定年退職のその日、Ａさんは部内の仲間を前にして、思わず言葉を詰まらせてしまった。

○ よい例

①現在の日本の２大都市——東京と大阪が、特に不景気のドン底にある。

②「入社以来38年、微力ながらも精いっぱい努力してまいりましたが……」。定年退職のその日、Ａさんは部内の仲間を前にして、思わず言葉を詰まらせてしまった。

改善ポイント

(**1**) ダーシや３点リーダは、２字分の長さで使う。

- 見やすい。
- ダーシの場合、横書きでは漢数字の「一」と紛らわしい。
- ３点リーダの場合、１字分では余韻や不確実さが伝わりにくい。

〈注〉パソコンでは、ダーシ２字がつながらないので手書きする。

(**2**) 読みにくいので、１字分や３字分などにはしない。

〈注〉２字分の途中で、行末と行頭とに分かれないようにする。

45 カギカッコは、「『 』」の順で使う

カギカッコの中で、さらにカギカッコを使うときはどうするか。

× 悪い例

山田さんから、『「合格おめでとう」と彼に伝えてください』と言われた。

○ よい例

山田さんから、「『合格おめでとう』と彼に伝えてください」と言われた。

○× 改善ポイント

（1）カギカッコを使う順序は、「『　』」である。

▶慣習である。

▶見やすい。

46 丸カッコ(　)の中の細項目には、〈　〉を使う

(　)の中で、細項目がある場合、どんな符号を使うべきか。

× 悪い例

①－1：(ロッキード事件（丸紅ルート）判決)
　　2：(ロッキード事件《丸紅ルート》判決)
　　3：(ロッキード事件「丸紅ルート」判決)

②－1：(抗ガン剤（アドリアマイシン）)
　　2：(抗ガン剤《アドリアマイシン》)
　　3：(抗ガン剤「アドリアマイシン」)

○ よい例

① (ロッキード事件〈丸紅ルート〉判決)

② (抗ガン剤〈アドリアマイシン〉)

改善ポイント

(**1**) (　)の中では、〈　〉を使う(よい例①②)。
▶見やすい。

(**2**) ((　))とは、しない(悪い例①－1、②－1)。
▶同じ丸カッコを使うと、混乱する。

(**3**) (《　》)とも、しない(悪い例①－2、②－2)。
▶見にくい。

(**4**) (「　」)とも、しない(悪い例①－3、②－3)。
▶なじみがない。

47 繰り返し符号「々」を、正しく使う

同じ漢字を続けて書く場合、どう表記したらよいか。

× 悪い例

①－1：国国
　　2：処処方方
　　3：点点
　　4：人人
　　5：日日

②外交交渉では、堂々とした態度をとるべきだ。

○ よい例

①－1：国々
　　2：処々方々
　　3：点々
　　4：人々
　　5：日々

②外交交渉では、堂堂とした態度をとるべきだ。

改善ポイント

(**1**) 同じ漢字が2つ重なった熟語には、繰り返し符号「々」を使う。

(**2**)「々」が行頭にきた場合は、同じ漢字を繰り返す(よい例②)。
▶読み誤りをなくすため。

〈注1〉異なる意味合いの同じ漢字が続いたときは、「々」を使わない。
①旧電電公社（正式名称は、旧電信電話公社）
②北北西の風
③民主主義

〈注2〉かなの繰り返し符号「ゞ」や「ゝ」は、使わない。
×ほゞ同じ　→　○ほぼ同じ
×やゝ大きい　→　○やや大きい

〈注3〉辞書の項目見出しでは、「国国」「人人」などとなっているが、実際の文章では使わない。

48 強調したい語句には、カギカッコや傍点ルビなどを付ける

強調したい語句がある場合に、どうしたらよいか。

例

自己中心的な言動が多い彼は、社会における未熟児だといえる。

↓

①自己中心的な言動が多い彼は、社会における「未熟児」だといえる。

②自己中心的な言動が多い彼は、社会における“未熟児”だといえる。

③自己中心的な言動が多い彼は、社会における未熟児だといえる。

〈注〉・・・を傍点ルビという。

④自己中心的な言動が多い彼は、社会における未熟児だといえる。

改善ポイント

(**1**) 強調したい語句は、カギカッコや“　”でくくったり、傍点ルビやアンダーラインを付ける。

▶視覚的に目立つ。

(**2**) 強調しようとして、付けすぎないこと。

▶何を強調したいのか、かえってわからなくなる。

▶読みづらくなる。

項目別に書く場合、見出し符号は「1、(1)、①」を主に使う

ある事柄を項目別に分けて書く場合、それぞれに見出し符号を付けたいが、どうしたらよいか。

例

項目に分ける階層	使う見出し符号と使う順番
1段階の場合	(1)
2段階の場合	(1)→ ①
3段階の場合	1 →(1)→ ①
4段階の場合	1 →(1)→ 1)→ ①
5段階の場合	Ⅰ → 1 →(1)→ 1)→ ①
6段階の場合	Ⅰ → 1 →[1]→(1)→ 1)→ ①

改善ポイント

(**1**) 見出し符号には、大きく9種類ある。大きい項目に使う順序は、次のとおりである。
Ⅰ→1→[1]→(1)→1)→①→i→a→ア

(**2**) 9種類のうち、通常の使い方は、上記の例の6段階。

(**3**) 大別、中別、小別と見出し符号によって分けることで、内容がわかりやすくなる。

(**4**) ただし、あまり細かく分けすぎると、かえってわかりづらくなることもある。

〈注1〉縦書きの場合も、同様である。
Ⅰ→一→[一]→(一)→一︶→㊀→i→a→ア

〈注2〉この使い分けは、あくまで原則の処理である。業界、会社、官庁の慣習や相手先の都合などによって変化させてもよい。

50 図を用いて、文章をわかりやすく、簡潔にする

報告書や説明文などをわかりやすくするには、どんな方法があるか。

× 悪い例

　取引先などを接待する場合には、正しい席次を心得ておくことが大切である。特に、車に乗るときの正しい席次は案外知らない人が多いので、きちんとマスターしておきたい。

　まず、いちばんの上席は、運転手の真後ろの席だ。後部座席に３人座る場合は、中央の席が末席。また、助手席を使う場合は、３人のときも、４人のときも、助手席がいちばん末席となる。

○ よい例

　取引先などを接待する場合には、正しい席次を心得ておくことが大切である。特に、車に乗るときの正しい席次は案外知らない人が多いので、きちんとマスターしておきたい。

　図１の「乗用車の正しい席次」をよく見てほしい。いちばんの上席は、運転手の真後ろの席だ。後部座席に３人座る場合は、中央の席が末席。さらに、助手席を使うときは、３人のときも、４人のときも、助手席がいちばん末席となる。図中の数字は、上席順を示している。

図１　乗用車の正しい席次

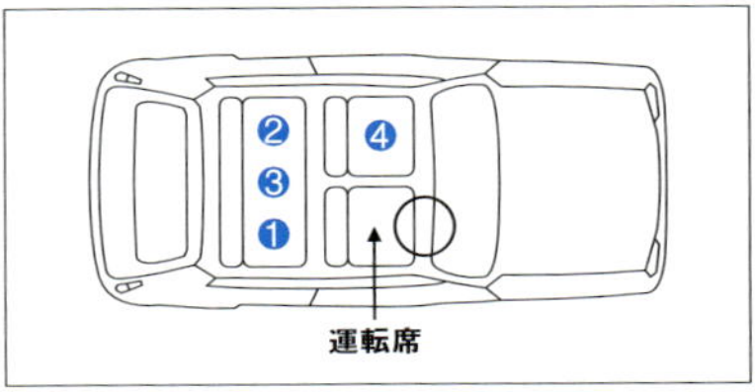

改善ポイント

(**1**) 文章だけでは理解しにくい内容の場合、図を使うと効果的である。
- 内容が視覚的に伝わり、読み手が理解しやすい。
- 文章だけの紙面に比べて柔らかい印象になり、読みやすくなる。

(**2**) 文章と図をきちんと対応させる。
- 対応していないと、かえって誤解を招く。

(**3**) 内容を正しく表した図にする。
- あいまいな図では、正しい意味が伝わらない。

(**4**) 図の助けを借りながら、文章をより簡潔にする。
- 文章だけで表そうとすると長くなる内容も、図を使うことで、より簡潔に表現できる。

〈注〉必要以上に図を使いすぎると、かえって難しい印象を与えてしまうこともあるので注意する。

51 図には、タイトルと説明文を付ける

ある事柄を図を用いてわかりやすく説明するには、どうしたらよいか。

✕ 悪い例

新製品の売上高について集計したものが、下の図である。4月の発売直後は、テレビ・コマーシャルの効果もあって、売上高が急増した。しかし、売上高が1,000万円の大台に乗った5月以降は、横ばいが続いている。

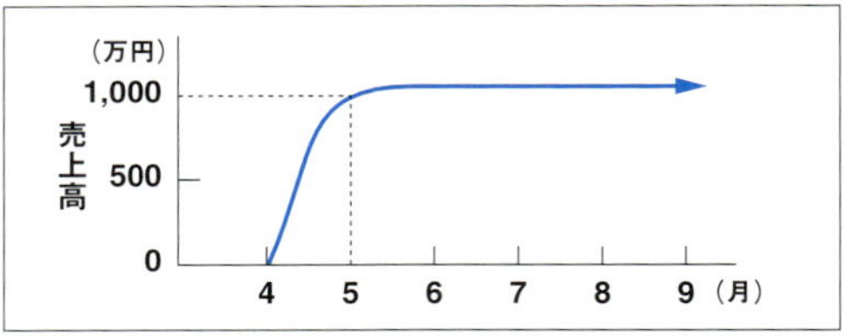

○ よい例

①新製品の売上高について、図14の「新製品の売上高」で説明する。

②

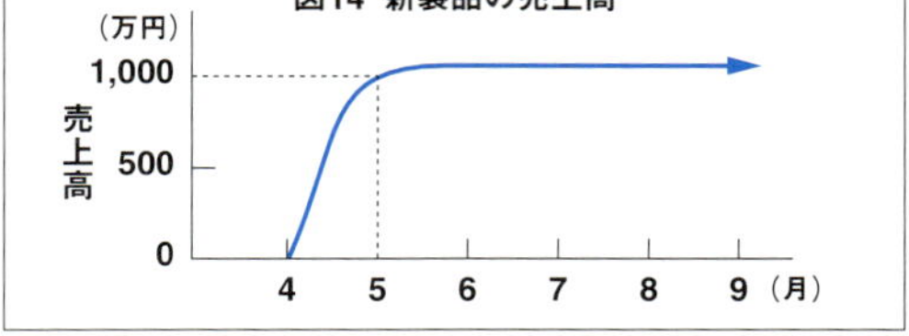
図14 新製品の売上高

③4月の発売直後は、テレビ・コマーシャルの効果もあって、売上高が急増した。しかし、売上高が1,000万円の大台に乗った5月以降は、横ばいが続いている。

改善ポイント

（**1**）報告書やリポートなどでは、文章の中に、図やカットを入れて見てわかるようにする。図で説明する場合の手順は、次のとおり。

（**2**）導入文を書く（よい例①）。
▶何についての説明かがハッキリする。

（**3**）図を書く。

（**4**）図のタイトルを、図の「上」か「下」に入れる。
▶内容がわかりやすくなる。

（**5**）図の番号を入れる。
▶番号を入れないと、該当の図を間違えることがある。
▶「下の図」「上の図」ではわかりづらい。

（**6**）説明文を書く。
▶具体的な内容が伝わる。
〈注〉図の説明のしかたは、次の52項を参照のこと。

（**7**）図と説明文とが離れている場合は、説明文中に該当のページ数を入れる。
▶読み手が、迷うことなく参照できる。

52
折れ線グラフの動きを、自分とみなして説明する

折れ線グラフをわかりやすく説明する場合に、心がけるべきことは何か。

✕ 悪い例

図を見てわかるとおり、4月に発売した新製品Aは、当初はよかったが、それも数カ月であった。今後は新しい製品の開発が望まれる。

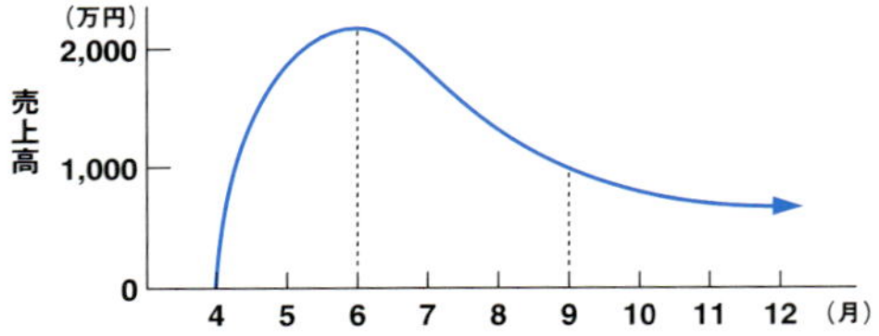

○ よい例

4月に発売した新製品Aは、ヒット商品となった。新聞、雑誌やテレビCMなどの広告のおかげで、発売と同時に完売。5月、6月はその勢いを保っていた。

しかし、H社が類似製品を発売した7月ごろから売上高が下降し始めた。そして、9月には、6月のおよそ半分の売上高となった。さらに10月以降は、まったくの頭打ちの状態である。

図1 新製品Aの売上高推移

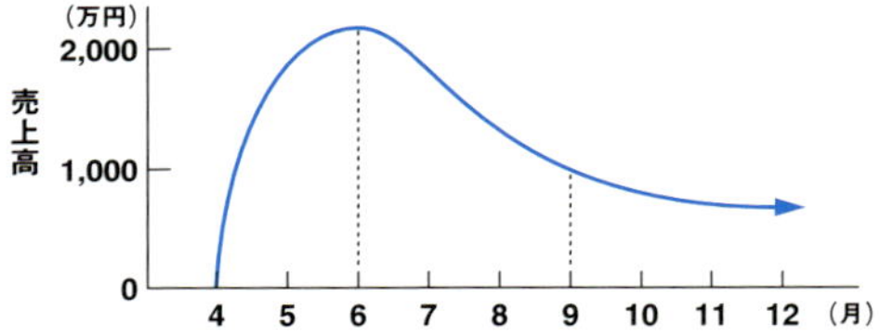

改善ポイント

（1）グラフの上を、あたかも自分が歩いているかのように説明する。
▶文章が、わかりやすくなる。

第V章

しっかり覚えよう！
文法編

1
「は」は主語の係りを表し、「が」は主格を表すときに使う

主語を表す助詞である「は」と「が」は、どう使い分けたらよいか。

× 悪い例

①彼女が、素敵な女性である。

②一郎君は、頑張ったおかげです。

○ よい例

①彼女は、素敵な女性である。

②一郎君が、頑張ったおかげです。

改善ポイント

（**1**）「は」と「が」は、ともに主語を表す助詞だが、きちんと使い分ける。

（**2**）「は」は主語の係りを表す係助詞であり、「が」は主格を表す格助詞である。

〈注〉係助詞は、係りに用いる助詞。格助詞は、主として体言に付き、その体言と他の語との格関係を表す助詞。

（**3**）よい例①では、主語（彼女）が続く部分の内容、つまり、「素敵な女性であること」に重点が置かれている。

（**4**）よい例②では、主語そのものに重点が置かれている。つまり、「多くのほかの人」ではなく、「一郎君が」ということを表している。

〈注〉「では」は、多くの中から、特に取り出して示す場合に使う。

〈例〉多くの支店の売上が伸び悩む中で、京都支店では、前年比120%の売上を達成した。

2
「に」は対象や到達点を示し、「へ」は方向を示す

助詞の「に」と「へ」の使い方は、どう違うか。

例

①彼女は、明日、東京に行く。

（京都でも、大阪でもなくて、東京に行くという意味）

②彼女は、明日、東へ移動する。

（「へ」とした場合には、特定の対象や到達点ではなく、「～のほうに」という方向性を示す）

改善ポイント

（1）「に」は対象や到達点を示すときに使い、「へ」は方向を示すときに使う。

（2）ある場所を表すのに、その地点や位置を問題にする場合は「に」を使い、方向を問題にする場合は「へ」を使う。

〈注〉「彼女は、明日、東京へ行く」という表現では、東京のある地点を限定しているのではなく、やや漠然とした意味になる。

3 「より」は「比較」を示し、「から」は「時・場所・人の起点」を示す

「より」を「から」の意味に使っている文を見かけるが、よいか。

× 悪い例

彼より、あなたが好きという手紙が来た。

○ よい例

彼から、あなたが好きという手紙が来た。

○× 改善ポイント

(**1**)「より」は、比較を示す場合に使い、起点を示す場合には使わない。

▶「より」を起点の意味に使うと、誤解を招くことがある。

(**2**) 悪い例では、「彼よりあなた(男性)が好きという手紙が、(彼女から)来た」、つまり、「彼とあなた(男性)を比較して、彼女はあなたのほうが好きである」という意味に誤解されかねない。

(**3**) 時・場所・人の起点を示す場合は、「より」ではなく「から」を使う。

(**4**)「より」は“than”の意味、「から」は“from”の意味である。

(**5**) よい例では、あなたは女性である。

4 「の」を、あいまいに使わない

「の」はいろいろな意味に使うことができるが、どうしたらよいか。

× 悪い例

①ライバル社の発売した新製品は、売れ行きが非常に好調だという。

②ぜひとも、弊社の本をお読みください。

○ よい例

①ライバル社が発売した新製品は、売れ行きが非常に好調だという。

②－１：ぜひとも、弊社についての本をお読みください。
　２：ぜひとも、弊社が所有している本をお読みください。
　３：ぜひとも、弊社が発行した本をお読みください。

改善ポイント

（**1**）「の」は、さまざまな意味を持つ。文の意味を明確にするために、あいまいな使い方をしない。

（**2**）「所有」を表す「の」以外は、他の語句に置き換える。
▶文の意味をハッキリさせるため。

5
「で」を、あいまいに使わない

「で」は、いろいろな意味に使うことができるが、どうしたらよいか。

✕ 悪い例

①これは今までにない画期的なソフトでとても使いやすい機能を備えている。

②病院で勧めるクスリを、しばらく飲んでみることにした。

○ よい例

①これは今までにない画期的なソフトであり、とても使いやすい機能を備えている。

②病院が勧めるクスリを、しばらく飲んでみることにした。

○✕ 改善ポイント

(**1**)「で」は、さまざまな意味を持つが、文の意味を明確にするために、あいまいな使い方をしない。

(**2**) 上記の悪い例①の「で」は、助動詞「だ」の連用形であり、「ソフトであり」と言い換えたほうが意味が正確に伝わる。

(**3**) よい例②のように、主体を表す「で」は、「が」に書き換える。
▶文の意味をハッキリさせる。

6 接続助詞の「が」を、使いすぎない

「〜が、〜」という表現をよく使う人がいるが、よいか。

✕ 悪い例

①大方のエコノミストの予想を上回る勢いで円高が進んでいるが、1ドル100円となる可能性も出てきたが、そうなると多くの中小企業で倒産が起こる心配がある。

②ハワイでのゴルフ三昧のゴールデンウィークを終えて帰国したのだが、久しぶりに会社へ行ったが、仕事がなかなかはかどらなかった。

○ よい例

①大方のエコノミストの予想を上回る勢いで、円高が進んでいる。1ドル100円となると、多くの中小企業で倒産が起こる心配がある。

②ハワイでのゴルフ三昧のゴールデンウィークを終えて、久しぶりに会社へ行った。しかし、仕事がなかなかはかどらなかった。

改善ポイント

（**1**）接続助詞の「〜が、〜」を使いすぎないようにする。

▶文が長くなりがちで、内容がわかりにくくなる。

▶２つの意味を、１文で表現するのはよくない。

（**2**）２つの文に分けられないかどうかを考える。

7
「〜など」を使う場合は、2つ以上の例を挙げる

「〜など」という表現は、どう使ったらよいか。

✕ 悪い例

うどんなどの、めん類が好きです。

○ よい例

うどんやラーメンなどの、めん類が好きです。

改善ポイント

（**1**）「〜など」を使う場合は、２つ以上の例を挙げる。

▶読み手が、例で示す全体像を推定できる。

▶１つの例を挙げただけでは、全体のイメージがつかみにくい。

〈注〉「等」は、通常は「など」とひらがなで表記する。

ただし、資格試験や社内試験の論述問題などでは、「とう」と読ませる場合には漢字で「等」と書いたほうが点数が高くなることがある。

▶採点者に、漢字が好きな高齢者が多いため。

8

性質に関する1例を挙げる場合に、「など」は使わない

物事や人物の性質を表すために、1つの例を挙げ、「〜などのように」と書く人がいるが、よいか。

✕ 悪い例

①チータなどのように、彼は足が速い。

②A君などのように、〜。

○ よい例

①チータのように、彼は足が速い。

②A君のように、〜。

改善ポイント

（**1**）物事や人物の性質を表す場合に、「〜などのように」とはしない。

▶この場合の「など」には、まったく意味がないから。

〈注1〉新聞紙上では、1つの例の場合でも「〜など」と使うことがある。これは、単なる慣習である。避けること。
また、「容疑者は、『私は、やっていない』などと言い張っている」のように、含みをもたせるときに使うこともある。

〈注2〉小説や随筆などで、柔らかい雰囲気を出したいときには、使ってもよい。

9
「〜など」「〜ほか」「〜ら」は、人と物とで、それぞれ使い分ける

「〜など」「〜ほか」「〜ら」の使い方は、どう違うか。

例

「〜など」　人：AさんやBさんなど数人がいた。
　　　　　　物：機械や部品などが運ばれた。

「〜ほか」　人：AさんやBさんほか数人がいた。
　　　　　　物：機械や部品ほかが運ばれた。

「〜ら」　　人：AさんやBさんら数人がいた。

改善ポイント

（1）「〜など」は、人にも物にも使える。

（2）「〜ほか」は、人にも物にも使える。

（3）「〜ら」は、物には使わない。

10 選択の接続詞は、「または」を使う

いくつかの事柄から選ぶ場合の表現は、どうしたらよいか。

例

①10万円以上の物品を購入する場合は、課長または部長の決裁が必要だ。

②家から駅まで歩いて行くか、または自転車に乗るかは、その日の天気による。

③帽子の色は、黄色、水色、または緑色の中から選んでください。

改善ポイント

(**1**) 2つ以上の語句の中からどれかを選ぶという場合は、「または」を使う。

(**2**)「ないし」を使っても間違いではないが、古い感じがするので、なるべく使わない。
「あるいは」も文語調なので、なるべく使わない。
〈注〉「ないし」「および」「または」を、法律の条文などの専門的な用法として使う場合は、特別の意味がある。

(**3**) 3つ以上の語句の中から選択する場合は、最後の語句を「または」で結び、その前に読点を打つ(例③)。
▶読点を打たないと、3つ以上の語句のそれぞれが並列にならないから。
「黄色、水色または緑色」と書くと、「黄色に加えて、水色と緑色のどちらか」という意味にも解釈できる。

〈注〉名詞を結ぶ場合は、「か」を使ってもよい。
〈例〉課長か部長の決裁

11 並列につなぐ場合は、「と」または「および」を使う

複数の語句を並列につなぐ場合に、何を使うのがよいか。

例

①－1：日本人の死亡原因の推移を見ると、ガンと心臓疾患が増えている。

　2：日本人の死亡原因の推移を見ると、ガンおよび心臓疾患が増えている。

②－1：国内の本店、支店と海外支店のすべてが業績好調である。

　2：国内の本店、支店、および海外支店のすべてが業績好調である。

改善ポイント

(**1**) 複数の語句を並列につなぐ場合は、「と」または「および」を使う。

(**2**) 3つ以上の語句を「と」を使って並列につなぐ場合、最後の語句の前に「と」を使い、「と」の前に読点を打たない(例②－1)。

(**3**) 3つ以上の語句を「および」を使って並列につなぐ場合は、最後の語句の前にだけ「および」を使い、「および」の前に読点を打つ(例②－2)。

▶「および」の前に読点を打たないと、「および」の前後の結びつきが強くなり、3つの語句が同等でなくなる。

【例外】並列した語句の最後に、「など」や「その他」を付けるときは、「および」は使わない。

〈例〉東京、神奈川、埼玉や千葉などの首都圏の地価が値下がりしている。

東京、神奈川、埼玉、千葉、その他の首都圏の地価が値下がりしている。

「と」「や」「および」などは、最後の語句の前に置く

2つ以上の語句を併記して書く場合、どう表記すればよいか。

✕ 悪い例

①一郎と太郎、次郎は、高校時代の同級生である。

②色や形、味は、青森のリンゴが一番である。

③AおよびB、Cは、〜。

○ よい例

①一郎、太郎と次郎は、高校時代の同級生である。

②色、形や味は、青森のリンゴが一番である。

③A、B、およびCは、〜。

改善ポイント

(**1**)「と」「や」「および」などは、併記する最後の語句の前に置く。
▶いちばんわかりやすい。

(**2**)「と」「や」「および」は、ほぼ同じ意味である。使い分けは慣習的な感覚による。声を出して読んでみて、しっくりくるものを選ぶ。

〈注〉併記する語句がまったく同格なら、中黒（・）を使ってもよい（第Ⅳ章39項参照）。

13 送りがなは、7つの法則（通則）に従って付ける

送りがなは、どのように付けたらよいか。

改善ポイント

（1）送りがなの付け方は、1973年6月に内閣告示（1981年10月一部改正）された「送り仮名の付け方」の7つの通則に従う。
〈注〉以下の記述は、すべて「送り仮名の付け方」に則っている。

（2）通則とは、単独の語と複合の語の別、活用のある語と活用のない語の別などに応じて考えた、送りがなの付け方に関する基本的な法則のことである。

（3）7つの通則とは、次のとおり。

（A）単独の語

①活用のある語

（通則1）活用語尾を送るもの

（通則2）活用語尾以外の部分から送るもの

②活用のない語

（通則3）送りがなを付けない名詞

（通則4）送りがなを付ける名詞
〈活用のある語から転じた名詞〉

（通則5）副詞・連体詞・接続詞

（B）複合の語

（通則6）単独の語の送りがなの付け方による語

（通則7）慣用によって送りがなを付けない語

（4）各通則は、本則のほか、例外、許容、注意の4つの部分から成り立っている。

〈注〉各通則について、次項以降で詳しく説明する。

14 活用のある語は、活用語尾を送る（通則１）

活用のある語の送りがなは、どのように付けたらよいか。

例

憤る、読む、生きる、助ける、潔い

改善ポイント

（１）活用のある語は、活用語尾を送る。

【例外】

①語幹が「し」で終わる形容詞は、「し」から送る。

〈例〉親しい、美しい、珍しい

②活用語尾の前に「か」「やか」「らか」を含む形容動詞は、その音節から送る。

〈例〉①暖かだ
②緩やかだ、穏やかだ
③明らかだ、柔らかだ

③次の語は、以下のように送る。

〈例〉①教わる、異なる、和らぐ
②明るい、大きい
③平らだ、哀れだ

【許容】

次の語は、（　）の中に示すように、活用語尾の前の音節から送ることができる。

表す（表わす）、現れる（現われる）、著す（著わす）、行う（行なう）、断る（断わる）、賜る（賜わる）

活用語尾以外の部分に他の語を含む語は、含まれている語の送りがなの付け方によって送る（通則2）

活用語尾以外の部分に、他の語を含む語の場合はどうするか。

例

①動詞の活用形、またはそれに準ずるものを含むもの

騒がす（騒ぐ）、輝かしい（輝く）、頼もしい（頼む）

②形容詞・形容動詞の語幹を含むもの

悲しむ（悲しい）、柔らかい（柔らかだ）

③名詞を含むもの

女らしい（女）、汗ばむ（汗）

改善ポイント

（1）活用語尾以外の部分に他の語を含む語は、含まれている語の送りがなの付け方によって送る。

【許容】

読み間違えるおそれのない場合は、活用語尾以外の部分について、次の（　）の中に示すように、送りがなを省くことができる。

〈例〉浮かぶ（浮ぶ）、生まれる（生れる）、聞こえる（聞える）、終わる（終る）、積もる（積る）

16 名詞には、原則として送りがなを付けない（通則３）

名詞と送りがなの関係は。

例

山、川、空、海、何、彼、話

改善ポイント

（**1**）名詞には、原則として送りがなを付けない。

【例外】

①次の語は、最後の音節を送る。

〈例〉辺り、哀れ、独り、情け、誉れ

②数を数える「つ」を含む名詞は、その「つ」を送る。

〈例〉１つ、２つ、幾つ

（**2**）動詞には、送りがなを付ける。

〈例〉話す

17

活用のある語から転じた名詞には、元の語の送りがなの付け方によって送る（通則4）

活用のある語から転じた名詞には、送りがなをどう付けるか。

改善ポイント

（**1**）活用のある語から転じた名詞には、元の語の送りがなの付け方によって送る。

〈例〉①活用のある語から転じたもの
動き、調べ、晴れ、当たり、憩い、香り　など

②「さ」「み」「げ」などの接尾語が付いて名詞になったもの
寒さ、確かさ、憎しみ、惜しげ　など

【例外】

次のような語には、送りがなを付けない。

〈例〉謡、趣、煙、話、組　など

【許容】

読み間違えるおそれのない場合は、次の（　）の中に示すように、送りがなを省くことができる。

〈例〉曇り（曇）、届け（届）、当たり（当り）、答え（答）、祭り（祭）、群れ（群）

18 副詞・連体詞・接続詞は、最後の音節を送る（通則5）

副詞・連体詞・接続詞には、送りがなをどう付けるか。

例

必ず、既に、再び、全く、最も、去る

改善ポイント

（1）副詞・連体詞・接続詞は、最後の音節を送る。

【例外】

①次の語は、以下に示すように送る。

〈例〉明《あ》くる、大いに、直ちに、若しくは

〈注〉ただし、「若しくは」は、通常「もしくは」と表記する。

②次のように、他の語を含む語は、含まれている語の送りがなの付け方によって送る。

〈例〉例えば（例える）、絶えず（絶える）、辛うじて（辛い）、少なくとも（少ない）

19
複合の語の送りがなは、その複合の語を書き表す漢字の、単独の語の送りがなの付け方による（通則6）

複合の語の送りがなは。

例

①活用のある語

流れ出る、申し込む、組み合わせる、心細い、待ち遠しい

②活用のない語

生き物、入り江、売り上げ、乗り降り、教え子

○✕ 改善ポイント

（**1**）複合の語の送りがなは、その複合の語を書き表す漢字の、単独の語の送りがなの付け方による。

【許容】

読み間違えるおそれのない場合は、次の（　）の中に示すように、送りがなを省くことができる。

〈例〉申し込む（申込む）、組み合わせる（組み合せる・組合せる）、待ち遠しい（待遠しい）、入り江（入江）、売り上げ（売上げ・売上）

20 複合の語のうち、慣用的に送りがなを付けないものがある（通則7）

複合の語で、送りがなを付けないものは。

改善ポイント

（1）複合の語のうち、次のような名詞には、慣用的に送りがなを付けない。

①特定の領域の語で、慣用が固定していると認められるもの

（Ⅰ）地位・身分・役職などの名

〈例〉関取、頭取、取締役

（Ⅱ）工芸品の名に用いられた「織」「染」「塗」「彫」「焼」など

〈例〉博多織、型絵染、輪島塗、鎌倉彫、備前焼

（Ⅲ）その他

〈例〉書留、消印、小包、切符、請負、割引、組合、手当、売上、小売、見積、待合、申込書、受取書

②一般に、慣用が固定していると認められるもの

〈例〉献立、日付、合図、立場、受付、仕立屋

21

「通り」「多い」をかなで表記する場合は、「とおり」「おおい」とする

通り＝「とうり」、多い＝「おうい」と表記してよいか。

例

①おとうさん(お父さん)、おうむ(鸚鵡)、おうぎ(扇)

②とおり(通り)、おおい(多い)、こおり(氷)、ほお(頬)

改善ポイント

(**1**) 現代かなづかいでは、オ列の長音は、原則としてオ列のかなに「う」を添える。
▶上記の例①参照。

(**2**) ただし、例②のように、旧かなづかいで「ほ」または「を」を使っていたものは、「お」を使って表記する。

「じ」と「ぢ」、「ず」と「づ」を正しく使い分ける①

同音の連呼によって生じた濁音は、どう表記するか。

例

ちぢみ（縮み）、ちぢこまる、

つづく（続く）、つづみ（鼓）、つづる（綴る）

改善ポイント

（**1**）上記の例のように、同音の連呼によって濁音が生じたときは、「ぢ」「づ」を使う。

（**2**）ちじみ、ちじこまる、つずく、つずみ、つずる――などとは表記しない。

23
「じ」と「ぢ」、「ず」と「づ」を正しく使い分ける②

2語の連合によって生じた濁音は、どう表記するか。

例

はなぢ(鼻血)、そこぢから(底力)、いれぢえ(入知恵)、

まぢか(間近)、みかづき(三日月)、たづな(手綱)、

にいづま(新妻)

改善ポイント

(**1**) 2語の連合によって濁りが生じたときは、「ぢ」「づ」を使う。

(**2**) はなじ、そこじから、いれじえ、まじか、みかずき、たずな、にいずま――などとは表記しない。

(**3**)「はなぢ」＝「はな」＋「ち(血)」と分解して考えると、よくわかる。

【例外】

なお、語源上は2語の複合によって「ち・つ」が濁るときでも、意味を理解するうえで、2語に分解しにくいものは、「じ」「ず」と書くことを基本とする。

〈例〉世界中（せかいじゅう）
稲妻（いなずま）

24
「ら抜き言葉」は、使わない

「〜できる」の意味で、「見れる」「来れる」などと書いてよいか。

× 悪い例

①こんなにたくさんは、食べれない。

②朝５時に、来れますか。

○ よい例

①こんなにたくさんは、食べられない。

②朝５時に、来られますか。

改善ポイント

（**1**）可能の意味の「食べられる」「来られる」などを、「食べれる」「来れる」などと「ら」を抜いて書いてはいけない。
▶文法的に誤りだから。

〈注〉「ら」を抜く「ら抜き言葉」をもっぱら「可能」の意味に使い、受身・自発・尊敬の「られる」と区別するのが合理的だとする考え方もある。しかし、現段階においては、書き言葉では「ら抜き言葉」を使わない。文法的に正しい表現をすべきである。

25
尊敬語と謙譲語を、正しく使い分ける

敬語を使う上で、特に注意すべきことは何か。

✕ 悪い例

①新鮮なイチゴをお送りいたします。お早めにいただいてください。
②ご不明な点は、案内係にうかがってください。
③サンプルをご希望の方がおられましたら、ご連絡ください。
④弊社の会長に、一度お目にかかっていただきたいと存じます。
⑤山田雄三先生は、当研究所の佐藤太郎教授の後輩だと申されていました。

○ よい例

①新鮮なイチゴをお送りいたします。お早めに召し上がってください。
②ご不明な点は、案内係にお聞きになって（お尋ねになって）ください。
③サンプルをご希望の方がいらっしゃいましたら（おいでになりましたら）、ご連絡ください。
④弊社の会長に、一度お会いになっていただきたいと存じます。
⑤山田雄三先生は、当研究所の佐藤太郎教授の後輩だとおっしゃっていました。

改善ポイント

（**1**）尊敬語と謙譲語を正しく使い分ける。
▶間違えると大変、失礼になる。

（**2**）悪い例①の「いただく」は、「食べる（飲む）」「もらう」の謙譲語。「食べる（飲む）」の尊敬語としては、「召し上がる」を使う。

（**3**）悪い例②の「うかがう」は、「聞く」「行く」「来る」の謙譲語。「聞く」の尊敬語としては、「お聞きになる」を使う。

（**4**）悪い例③の「おる」は、「いる」「している」の謙譲語。「られる」を付けても、尊敬語にはならない。「いる」の尊敬語としては、「おいでになる」「いらっしゃる」を使う。

（**5**）悪い例④の「お目にかかる」は謙譲語。外部の人の行為に対して謙譲語を使うのは間違い。身内の人間が自分より目上であっても、外部の人に伝えるときは、外部の人に敬意を表した表現を使う。

（**6**）悪い例⑤の「申す」は謙譲語。山田雄三先生が佐藤太郎教授の後輩であっても、外部の人なので尊敬語を使う。「申す」に「れる」を付けても尊敬語にはならない。

（**7**）間違えやすい尊敬語と謙譲語には、次のようなものがある。

	尊敬語	謙譲語
与える	くださる	差し上げる
言う	おっしゃる	申す
行く	いらっしゃる	参る、うかがう
いる	いらっしゃる おいでになる	おる
聞く	お聞きになる	うかがう
来る	お越しになる お見えになる いらっしゃる	参る、うかがう
食べる	召し上がる	いただく
見る	ご覧になる	拝見する

26 二重敬語は、使わない

敬語は、ていねいであればあるほどよいか。

× 悪い例

①時節柄、お風邪などお召しになられませんよう、くれぐれもご自愛ください。

②過日の打合せで、大田様がおっしゃられた件について、詳しくうかがいたいと思います。

○ よい例

①時節柄、お風邪などお召しになりませんよう、くれぐれもご自愛ください。

②過日の打合せで、大田様がおっしゃった件について、詳しくうかがいたいと思います。

改善ポイント

（**1**）二重敬語は使わない。

▶くどくなる。へつらった印象になる。

（**2**）敬語は、１つで十分に敬意を表したことになる。

- お召しになる＝「（風邪などに）かかる」の尊敬語
- おっしゃる＝「話す」の尊敬語

27 敬称に、「様」「殿」を付けない

「●●●●社長様」と表記してよいか。

✕ 悪い例

①いろは建設　中山次郎社長様

②関係各位殿

○ よい例

①－１：いろは建設　中山次郎社長
　　２：いろは建設　社長　中山次郎様

②関係各位

改善ポイント

（１）敬称には、「様」「殿」を付けない。
▶くどくなる。へつらった印象になる。

（２）よく使う敬称には、次のようなものがある。
様 ……… 目上、目下のいずれにも使う。
殿 ………「様」より敬意が軽い(目上には使わない)。
〈注〉最近は、「殿」をあまり使わない。代わりに「様」を使う。

各位 …… 「皆様」の意。「各位様」「各位殿」は間違い。
先生 …… 尊敬する人に使う。
大兄 …… 男性の先輩・同僚に使う。
学兄 …… 男性の先輩・同僚に使う。
学姉 …… 女性の先輩・同僚に使う。(筆者の造語である)
御中 …… 会社や官公庁など、組織に対して使う。

28
副詞を、正しく受ける

副詞や副詞句の受け方を、あいまいにしたままでよいか。

× 悪い例

①どんな場合でも、決して副詞の使い方を理解してください。

②社長の判断は全然、間違っていると、社員全員が感じた。

③昨日の台風による集中豪雨は、まるでバケツをひっくり返したひどさだった。

④もし、この新商品の開発に成功してください。そうすれば、何とか会社も持ち直すでしょう。

⑤何事も時間さえかければ成功するなどとは、ゆめゆめ思ってもよい。

○ よい例

①どんな場合でも、決して副詞の使い方を間違えないようにしてください。

②社長の判断は全然、間違っていないと、社員全員が感じた。

③昨日の台風による集中豪雨は、まるでバケツをひっくり返したようなひどさだった。

④もし、この新商品の開発に成功すれば、何とか会社も持ち直すでしょう。

⑤何事も時間さえかければ成功するなどとは、ゆめゆめ思ってはいけない。

改善ポイント

（**1**）副詞や副詞句によっては、受け方が決まっているものがあるので、間違えないようにする。

▶間違った受け方では、文章の意味が通じなくなってしまう。

（**2**）副詞や副詞句の使い方の例は、次のとおりである。

〈例〉①決して〜ない（否定）

②全然〜ない（否定）

〈注〉「全然〜である」を使う人がいるが、この使い方は誤りである。

③まるで〜のような（比喩）

④もし〜なら／〜すれば／〜のときは（仮定）

⑤ゆめゆめ〜ない（否定）

29
サ変動詞にできない名詞には、「する」を付けて動詞扱いにしない

どんな名詞も、「する」を付けて動詞として使ってよいか。

× 悪い例

①この原稿をパソコンするときは、～

②新入社員といえども漫然と仕事するのではなく、さまざまに創意工夫すべきである。

○ よい例

①この原稿をパソコンで打つときは、～

②新入社員といえども漫然と仕事をするのではなく、さまざまに創意工夫すべきである。

改善ポイント

(**1**) 名詞には、「する」と結合して、サ変動詞として用いることができるものがある。例えば、「観察」「経験」「逮捕」や「発表」などの名詞に「する」を付けて、「観察する」「経験する」「逮捕する」や「発表する」などは、動詞として使える。

(**2**) サ変動詞とは、サ行変格活用の動詞のことで、「し(せ・さ)・し・する・する・すれ・しろ(せよ)」と活用するものである。

（**3**）どんな名詞にも「する」を付けて、動詞のように使うのは間違い。サ変動詞にできるかどうかわからないときは、辞書を引いて確かめる。サ変動詞にできる名詞には、見出しに「――する」「ス」「サ変」などの表記がある。

（**4**）サ変動詞にできる名詞の前に、別の名詞を付けた複合名詞の場合はサ変動詞にしない。例えば、「人生経験」「別件逮捕」や「研究発表」などは、「人生経験を積む」「別件逮捕に踏み切る」や「研究発表をする」などと表現する。「人生経験する」「別件逮捕する」「研究発表する」などとは、表現しない。

（**5**）サ変動詞にできない名詞には、「する」を付けて動詞として使ってはいけない。例えば、「木枯らしする」「ワープロする」や「頑固する」という使い方は間違いである。このようなときは、「木枯らしが吹く」「ワープロを打つ」や「頑固である」などと書き換える。

30 その文章に、最適な言葉を選ぶ

「単に言葉を並べれば文章になる」「意味さえ通じればよい」と思っている人がいるが、よいか。

× 悪い例

①彼の利点は、いつも明るいことである。

②彼女は、ゴルフの進歩が早い。

○ よい例

①彼の長所は、いつも明るいことである。

②彼女は、ゴルフの上達が早い。

改善ポイント

（**1**）その文章にはどの言葉がいちばん適しているかを、常に考えて使う。

- 悪い例の「利点」は有利な点、よい例の「長所」は優れている点を意味する。
- 悪い例の「進歩」は次第によい方に進むこと、よい例の「上達」は技術が進んでうまくなることを意味する。

〈注1〉日ごろから辞書を引く習慣をつけ、いろいろな言葉の意味を知っておく。

〈注2〉『類語辞典』も参考にする。

31 紛らわしい用語は、なるべく他の表現に置き換える

「〜をはじめ」「〜ほか」「〜や」などを、あいまいなままで使ってよいか。

✕ 悪い例

①－1：彼女は、英語をはじめ5カ国語を話すことができる。
　　2：彼女は、英語ほか4カ国語を話すことができる。
②これは、金やプラチナを使って加工するとよい。

○ よい例

①－1：彼女は、英語とフランス語など、5カ国語を話すことができる。
　　2：彼女は、英語やフランス語など、5カ国語を話すことができる。
②－1：これは、金とプラチナを使って加工するとよい。
　　2：これは、金またはプラチナを使って加工するとよい。

改善ポイント

(1)「〜をはじめ」では「〜」で示した内容を含むが、「〜ほか」では含まない。

(2)「〜をはじめ」「〜ほか」は、なるべく使わない。
▶誤解されやすい。

(3) 接続助詞の「や」は、「と」と「または」の両方の意味に取れるので、表現があいまいになりやすい。

〈注〉上記のよい例①－2の場合は、「や」を使っても5種類の外国語という限定があるので、意味を間違えることがない。

自分が誤りやすい表記を、知っておく

一見、意味が通っているようなので、つい間違えてしまいがちな表記とは。

× 悪い例	● よい例
①相入れない	①相いれない（相容れない）
②相待って	②相まって（相俟って）
③圧到的に	③圧倒的に
④異句同音	④異口同音
⑤いさぎ良い	⑤潔い
⑥一早く	⑥いち早く（逸早く）
⑦意味慎重	⑦意味深長
⑧～の恐れがある	⑧～のおそれがある
⑨落ち入る	⑨陥る
⑩完璧	⑩完璧
⑪事さら	⑪ことさら（殊更）
⑫五里夢中	⑫五里霧中
⑬絶対絶命	⑬絶体絶命
⑭専問家	⑭専門家
⑮単的に	⑮端的に
⑯～と言えども	⑯～といえども（～と雖も）
⑰基ずく	⑰基づく
⑱～のとうり	⑱～のとおり

改善ポイント

（**1**）間違えやすい漢字は、いくつか決まっているので、自分なりに気をつけるようにする。

（**2**）特に、一見、意味が通っているように思えてしまう表記には注意する。
▶一度書いてしまうと、間違いに気がつきにくいため。

〈注〉悪い例⑧の「～の恐れがある」は、出版・新聞・テレビなどでもよく誤用されている。虞（おそれ）の意味であり、正しく使うべきである。

33 同音異義語・同訓異字の間違いに、注意する

パソコンで文章を書く場合に、よく間違えるのは何か。

例

①一読に値《あたい》（×価）する詩集
②熱《あつ》め（×厚め・暑め）のお湯につかるのが好きだ。
③意外《いがい》（×以外）な結末に驚いた。
④衛星《えいせい》（×衛生）放送を見る。
⑤３年ぶりに定価を改定《かいてい》（×改訂）した。
⑥アンケートの回答《かいとう》（×解答）者にお礼の品を送った。
⑦共同《きょうどう》（×協同）作業を進めた。
⑧減価《げんか》（×原価）償却について勉強する。
⑨責任を追及《ついきゅう》（×追求）する。
⑩指示・命令は、的確《てきかく》（×適格）にしなければならない。
⑪責任を転嫁《てんか》（×転化）してはならない。
⑫内向《ないこう》（×内攻）的な性格を直したい。
⑬野生《やせい》（×野性）動物のたくましさ
⑭「異議（×意義）あり」

○× 改善ポイント

（**1**）こまめに辞書を引き、同音異義語や同訓異字の誤りをなくす。
▶よく似た熟語は、間違えやすい。

（**2**）間違えやすい同音・同訓の熟語を、自分なりに整理しておく。
▶間違いを減らすことができる。

（**3**）パソコンを使うと、同音異義語や同訓異字の、いわゆる「変換ミス」が起こりやすくなる。変換された文字に間違いがないかどうか、十分に注意する。
▶パソコンで入力したものは、間違いに気づきにくい。

34 略字、俗字や当て字は使わない

略字や俗字を、使ってもよいか。

× 悪い例

① 午后
② 60才
③ 卆業
④ 次才に
⑤ 奌
⑥ 斗争
⑦ 日旺
⑧ 年令
⑨ 宀K法

○ よい例

① 午後
② 60歳
③ 卒業
④ 次第に
⑤ 点
⑥ 闘争
⑦ 日曜
⑧ 年齢
⑨ 憲法

改善ポイント

（**1**）略字、俗字や当て字は使わない。

▶常に正しい字を書く姿勢が、よい文章につながる。

35

間違えやすい表現

誤字の訂正には、二重線を使う

手書きする文章において、誤字はどのように訂正したらよいか。

改善ポイント

（**1**）誤字の訂正には、二重線を使う。
▶わかりやすい。

（**2**）縦書きでも、横書きでも同じ。

（**3**）修正液は使ってはいけない。
▶改ざんしたと疑われるから。

36

誤字を訂正するときは、前後の文章中に同じ誤りがないかを読み返してチェックする

ある一文を書き上げた。読み返してみたら、文字の間違いがあった。正しい文字に訂正するときに注意することは。

✕ 悪い例

　最近の若者の特~~微~~ ↑徴として、「無気力」と「無関心」とが挙げられる。この２つが、若者の特微だというのは、さびしい限りである。というのも、気力が充実していて、好奇心が旺盛なことが、本来、若者らしい特微だと思うからだ。

○ よい例

　最近の若者の特~~微~~ ↑徴として、「無気力」と「無関心」とが挙げられる。この２つが、若者の特~~微~~ ↑徴だというのは、さびしい限りである。というのも、気力が充実していて、好奇心が旺盛なことが、本来、若者らしい特~~微~~ ↑徴だと思うからだ。

改善ポイント

（**1**）１カ所の誤字に気づいて訂正するとき、同じ誤りが他にもないかどうかを、すぐにチェックする。
　▶前後の文章の中で、同じ誤りをしていることが多い。

（**2**）全文を見渡して、同じ誤りを訂正する。

〈注〉誤字に気づくと、あわててそこだけを直してしまい、他の部分にまで気が回らないことが多いので要注意。

付　録

美しく見える書き方

数量の数え方（助数詞）

敬語の基礎知識

美しく見える書き方

1. 用紙

(1)罫線のある用紙に書く場合

①文字の位置は、横書きの場合は文字の下端を罫線に付け、縦書きの場合は罫線の間のセンターに揃える。

②文字の大きさは、漢字は罫線の幅の7割、かなはその半分で揃える。

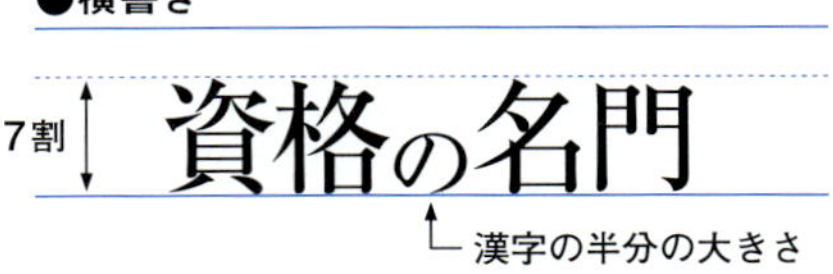

③語句や単語の途中で改行しない。

④文頭を揃える。

(2)真っ白な用紙に書く場合

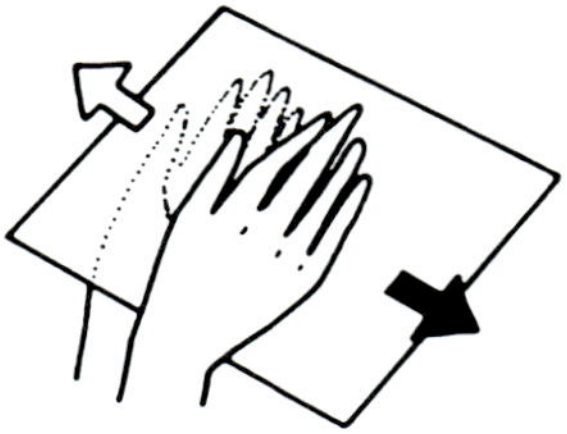

①両手で紙をはさみ、紙の裏表を確認して表に書く。表はすべり、裏は手の平について動く。裏に書くと、万年筆の場合、にじむことがあるため。

②ものさし、定規を罫線のかわりに置くときれいに書ける。

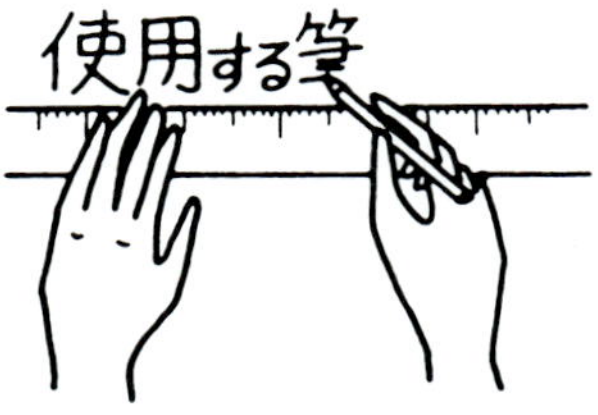

③与えられた紙面の８割ぐらいまで書き込む。
④文頭を揃える。
⑤Ｂ４判の紙など、大きな紙の場合には、２つに折ってセンターを決め、左半分が埋まったら、右半分に移るようにする。横書きの１行が長すぎると読みづらいから。

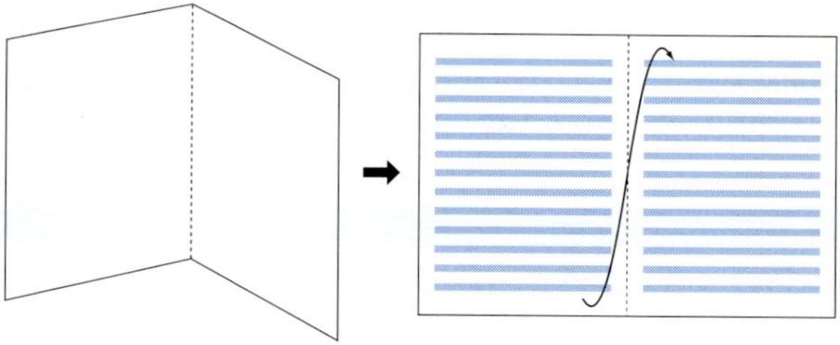

2. 筆記用具

(１)万年筆、ボールペンとえんぴつ

筆記用具の指定がない場合は、提出書類、ハガキや手紙などでは万年筆を使用すると間違いない。複写式の書類は、ボールペンがよい。えんぴつ書きは、メモや日記など私的な場合のみ用いる。

(２)手書きとパソコン

パソコンの普及により、手書きの文章が少なくなった。しかし、お願いごとやお詫びなど、心を伝えたい文章は、なるべく手書きにしたほうがよい。一文一文から心が相手に伝わるからである。ていねいに書けば、ヘタな字でも気持ちは伝わるものだ。

3. 縦書きと横書き

一般的に、横書きは日本人には読みにくいとされてきた。しかし最近は、パソコン本、教科書やテキストなど、徐々に横書きが増えてきている。個人で書く場合は、その文章を読む人の立場に立って考えるのがよい。私の経験からいえば、年齢が40歳以上の人に向けて書くのであれば縦書き、それ以下であればどちらでもよいといえる。

数量の数え方（助数詞）

物の数量を数える言葉（助数詞）の使い方は、意外に難しい。迷った場合には、以下の一覧を参考にしてほしい。これは、1965年に新聞用語懇談会が決定した「助数詞適用の基準」（『新聞用語集別冊』昭和41年版）の大要をもとに、若干の手を加えたものである。

1. 人

人は「人」で数える。「名」はなるべく使わない。

〈例〉１人死亡、３人が重傷／５人委員会／300人が集合

2. 動物・植物

①動物は、「匹」で数えるのを原則とする。ただし、鳥類は「羽」で数え、大型の獣類は、「頭」で数えることもある。魚類を数える「尾」はなるべく使わない。

〈例〉99匹のヒツジ／大ダイ１匹／スズメ３羽／数十頭のゾウの群れ／乳牛５頭

---

②助数詞の選択に迷う場合、また種類の異なる動物を一括して数える場合には「匹」を使う。

〈例〉牛、豚など家畜数匹／鳥獣100匹を捕獲

---

③花は、「輪」で数える。

〈例〉バラの花３輪

3. 物品・物体

①不定形な物品・物体は「個」で数えるのを原則とする。

〈例〉庭石３個／茶わん５個／10個のリンゴ

---

②助数詞の選択に迷う物品・物体は、原則として「個」で数える。

〈例〉めがね、たばこケース各１個／数百個の大腸菌

③きわめて小型の物品・物体は、「粒(つぶ)」を使ってもよい。
〈例〉1粒のムギ／真珠5粒／丸薬20粒

---

④形の長い物品・物体は、「本」で数えるのを原則とする。
〈例〉腰ヒモ1本／ネクタイ3本／8本の立ち木

---

⑤平面的な物品・物体は、「枚」または「面」で数える。
〈例〉1枚の地図／むしろ、ござなど15枚／碁盤1面／テニスコート4面

---

⑥機械、器具、車両、固定した施設などは、「台」または「基」で数える。
〈例〉テレビ1台／カメラ3台／5台の自動車に分乗／1基の石塔／2基のクレーン／ガスタンク3基

---

⑦船舶は「隻」、航空機は「機」で数える。ただし、小型の舟艇を「そう(艘)」、また場合によって、航空機を「台」、車両を「両」で数えることもある。
〈例〉1隻の貨物船／潜水艦3隻／戦闘機30機／はしけ3そう／5台の飛行機に分乗／8両編成の列車

---

⑧主として手に持って使う器具、道具、銃器などは「丁」で数える。
〈例〉ノミ1丁／小銃10丁／スキ、クワなど5丁

---

⑨建物は「棟」で数える。ただし、住居の単位としては「戸」または「軒」を使う。
〈例〉倉庫1棟、工場など5棟、住宅21棟を全焼／床下浸水100戸／住宅1,000戸を新築

---

⑩種類の異なる物品、物体を一括して数える場合は、「点」または「件」を使う。
〈例〉いす、テレビ、カメラなど20点／衣類、時計、宝石など15点／土地、建物3件

---

⑪束ねたものは「把」で数える。
〈例〉ホウレンソウ2把

数量の数え方・使用例

あ行

網＝張（はり）、帖

遺骨＝体（抽象的には「柱」）

石灯ろう＝基、個

いす＝脚、個

板＝枚

遺体＝体

位はい＝柱（ちゅう）

植木＝鉢（鉢植え）、株（土植え）

宇宙船＝台、隻（そう）

うちわ＝本

映画＝本（フィルムとしては「巻」）

エスカレーター＝台、基

エレベーター＝台、基

演劇＝幕、本、作

エンジン＝台、基（小型は「個」）

演能＝番

置き物＝個

おけ＝個、荷

織物＝反（たん）

か行

貝がら＝個、枚

鏡＝面、枚（鏡台は「台」）

額＝面

掛け軸＝本、幅（ふく）、対、軸

かさ＝本、張（和がさ）

刀＝本（特殊な場合は「振り」）、口、腰

活字＝本

滑走路＝本

かつら＝個

カーテン＝枚、張

花弁＝枚、片（ひら）

カメラ＝台

蚊や＝張

気球＝機

寄付＝口

靴、靴下＝足

ゲレンデ＝面

原子炉＝基

コース＝本

琴＝面、張

碁の対局＝局、番

古墳＝基

ゴルフ場＝面

こんにゃく＝丁、枚

さ行

材木＝本（棒状のもの）、枚（板状のもの）

さお＝本、振、竿

皿＝枚、組、口

敷物＝枚

滴（しずく）＝滴

自転車＝台

自動車＝台、両（大型トラックなど）

写真＝枚、葉

シャツ＝着、枚

三味線＝挺（ちょう）、さお

重箱＝組、重（かさね・じゅう）

じゅず＝具、連

将棋の対局＝局、番

人工池＝面

人工衛星＝個

神社＝座、社

神体＝座、柱、体

すずり＝面

ズボン＝本、着

墨＝挺、本

相撲＝番

星雲＝個、群

石碑＝基、台

背広＝着、揃

そろばん＝面、挺

た行

太鼓＝個、台、張

大砲＝門

タオル＝枚、本

たこ＝杯（はい）

畳＝畳、枚

田畑＝枚、面

足袋＝足

たる＝個、荷、駄

弾丸＝発、弾

たんす＝本、さお

反物＝反、本、匹

茶器＝揃、席、組

彫塑＝個、体、台

ちょうちん＝張

机＝台、脚

鼓＝個

（刀の）つば＝個、枚

鉄道線路＝本、条

手袋＝組、足、双（そう）

テレビ＝台

電気スタンド＝台、個

電報＝本

電話機＝台

と石＝挺（ちょう）

塔＝基

投票＝票

豆腐＝個、丁

道路＝本、条

灯ろう＝基

時計＝個、台

土俵＝面

な行

なべ＝個

荷物＝個、荷、梱（こり）

人形＝個、体

ノート＝冊

のれん＝枚、張

は行

バイオリン＝挺（丁）

墓＝基

はし＝具、膳

橋＝基、本

花＝本、束、輪

ピアノ＝台

飛行機＝機（機体）、便（運航）

びょうぶ＝帖、双（そう）

びわ＝面、揃

笛＝本、管

仏像＝体、座

ぶどう＝房、粒

ふとん＝枚、組

プラットホーム＝本、面

ベッド＝台

帽子＝個

ま行

巻き物＝巻、本、軸

枕＝基、個

豆＝粒

ミサイル＝発、機（発射台は「基」）

むしろ＝枚

めがね＝個

モーター＝個、台、基

や行

やり＝本、筋、条

弓＝張（はり・ちょう）

溶鉱炉＝基

養殖池＝面

洋服＝着、組、揃

よろい＝領（りょう）

ら行

ラジオ＝台

ラッパ＝個、本

料理＝品、人前

列車＝本、両

ロケット＝台、機

論文＝編、本

敬語の基礎知識

敬語の基本として第一に知っておきたいのは、敬語には「尊敬語」「謙譲語」「丁寧語」の３種類があるということ。

尊敬語は、相手にかかわるものや相手の動作につけて敬意を表すもの、簡単にいえば相手を敬う言葉。

謙譲語は、自分にかかわるものや自分の動作につけて、へりくだった気持ちを表すもの。

丁寧語は、言葉そのものをていねいに表現することで相手に敬意を払うもの。

以下、この３種類について例を挙げてみる。

尊敬語

①それ自体が尊敬の意味を持つ名詞。
陛下・殿下・先生・あなた　など

②尊敬の意味を表す接頭語・接尾語を付ける。
お顔・み仏・おみ足・ご出発
鈴木氏・島田様・父上　など

③尊敬の意味を表す漢字を加えた熟語にする。
貴社・尊台・令息・芳名・高配・厚情・玉稿・恵与　など

④それ自体が尊敬の意味を持つ動詞。
おっしゃる・いらっしゃる・なさる・召し上がる　など

⑤動詞に尊敬の助動詞を添える。
書かれる・出られる・来られる　など

⑥「お(ご)——になる」「お——あそばす」の形にする。
お持ちになる・ご覧になる・お着きあそばす　など

謙譲語

①それ自体が謙譲の意味を持つ名詞。
小生・てまえ・茅屋・落掌・参上　など

②謙譲の意味を表す接頭語・接尾語を付ける。
私ども・せがれめ　など

③謙譲の意味を表す漢字を加えた熟語にする。
小著・拙宅・愚考・粗品・弊社・卑見・拝察・謹呈　など

④それ自体が謙譲の意味を持つ動詞。
申す・申しあげる・まいる・いたす・いただく　など

⑤「――(さ)せていただく」「――あげる」の形にする。
検討させていただく・願いあげる　など

⑥「お――する」「お――申しあげる」などの形にする。
お持ちする・お待ち申しあげる・お読みいただく　など

丁寧語

①接頭語の「お」「ご」などを付ける。
お米・お水・ご本・お暑い　など

②「です」「ます」「ございます」を付ける。
私は山本です。午後に行きます。弟でございます。

〈注〉敬語で特に注意を要するのは、尊敬語と謙譲語を取り違えないこと。上に挙げた尊敬語と謙譲語の例は、①～⑥の番号がそれぞれ対応している。同じ番号を比べてみて、区別をハッキリさせておくことが大切である。

索 引

●あ行

●か行

【著者略歴】

成川豊彦（なりかわ とよひこ）

◎Wセミナー学院長
◎中国・西南政法大学客員教授

「合格のゴッドファーザー」「成功のゴッドファーザー」との異名をもつ。
1941年徳島県に生まれる。早稲田大学政治経済学部を卒業後、全国紙の記者として活躍。1974年公認会計士試験合格後、「世の中に貢献できる仕事を」と決意し、Wセミナー(早稲田セミナー)を設立。合格者全国一の司法試験・ロースクール・司法書士・弁理士・社会保険労務士・行政書士・法学検定・ビジネス実務法務・公認会計士・税理士・簿記検定・ＦＰ・不動産鑑定士・宅建・マンション管理士・業務管理主任者など、多くの資格試験や、公務員・外交官・教員試験・マスコミ・アナウンサーなどの就職試験、大学院・編入・転部の入学試験、社会人研修のセミナーで直接指導。
成川式合格ツールとして「成川式 合格暗記術」（資格・就職試験編、大学受験編）や「集中力講座」などがある。INTERNATIONAL WHO'S WHOの会員。
また、「学食同源」「働食同源」「美食同源」をコンセプトに、「ライフリー」（自然食菜ショップとレストラン）を設立、自然食菜事業を展開している。
主な著書に、『ちょっとした社内作法』(講談社)、『「合格食」バンザイ！』(集英社)、『「売れる営業マン」になる！』（ダイヤモンド社)、『期即連』『成川式 ビジネス文書の作り方』『60歳から国家試験に合格する法』『アルバイト＆パートを正社員よりも「戦力」にする本』(以上、ＰＨＰ研究所)、『合格の法則』(三笠書房)、『メシが食える資格試験必勝法』（東洋経済新報社)、『成川式・択一六法〈憲法編〉〈民法編〉〈刑法編〉』『不動産鑑定士Ｐシリーズ 受験テキスト 会計学(新版)』『司法書士 実践基本書 憲法』（以上、早稲田経営出版）など多数。

著者関連ホームページ

http://www.w-seminar.co.jp/ (Wセミナー)
http://www.narikawa.net/ (成川豊彦ＮＥＴ)
http://www.ankijutsu.com/ (成川式「合格暗記術」)
http://www.lifely.com/ (自然食菜「Lifely(ライフリー)」)
http://www.waseda-mp.com/ (早稲田経営出版)

[新訂版] 成川式 文章の書き方
ちょっとした技術でだれでも上達できる

2003年10月6日 第1版第1刷発行

著　者◎成川豊彦
発行者◎江口克彦
発行所◎PHP研究所
東京本部 〒102-8331 千代田区三番町3番地10
学芸出版部 ☎03-3239-6221
普及一部 ☎03-3239-6233
京都本部 〒601-8411 京都市南区西九条北ノ内町11
PHP INTERFACE http://www.php.co.jp/

製版所◎株式会社海外PR企画センター
印刷所
製本所◎凸版印刷株式会社

ISBN 4-569-62913-X

PHPの本